Evemarie und Frank Löser

Sagen und Geschichten der Kulturlandschaft Lewitz

„Es ist gut wandern in der Lewitz für den, der vergessen will und träumen! Es ist gut wandern in der Lewitz für den, der arbeiten will und schaffen und zu diesen Arbeiten und Schaffen die Sammlung sucht im großen Schweigen der Natur."

Johannes Gillhoff (1861–1930)

Impressum

Umschlaggestaltung: Harald Rockstuhl, Bad Langensalza

Titelbild: Neustadt-Glewe
Das Alte Schloß. Kolorierte Federlithographie mit ornamentaler Bordüre aus Lisch im Verlag Tiedemann. 1845. Sammlung: Autor

Umschlagrückseite: Karte. Gestaltung – Harald Rockstuhl

Bisherige Auflagen:
1. Auflage 2009 und die 2. Auflage 2015 im Verlag Rockstuhl

3. bearbeitete und erweiterte Auflage 2019
ISBN **978-3-95966-448-6**

Innenlayout: Harald Rockstuhl, Bad Langensalza

Seite 1: Regenbogen über Banzkow

Druck und Bindearbeit: Digital Print Group Oliver Schimek GmbH, Nürnberg/Mittelfranken

Gedruckt auf alterungsbeständigem Papier nach ISO 9706

Die Deutsche Nationalbibliothek verzeichnet diese Publikation in der Deutschen Nationalbibliografie. Detaillierte bibliografische Daten sind im Internet über *http://dnb.d-nb.de* abrufbar.

Inhaber: Harald Rockstuhl
Mitglied des Börsenvereins des Deutschen Buchhandels e.V.
Lange Brüdergasse 12 in D-99947 Bad Langensalza/Thüringen
Telefon: 03603 / 81 22 46 Telefax: 03603 / 81 22 47
www.verlag-rockstuhl.de

Inhaltsverzeichnis

Papiercollage „Waldlewitz" von Edith Beckmann, Plate.

Vorwort

Die Lewitz, zwischen der Landeshauptstadt Schwerin und den Städten Ludwigslust und Parchim gelegen, ist eine rund 12. 000 ha große Niederungslandschaft. Zahlreiche, zum Teil auch einschneidende Veränderungen in den letzten Jahrhunderten, ließen einen einmaligen Landstrich - die „Kulturlandschaft Lewitz" - entstehen. Sie wurde von Menschenhand deutlich mitgeprägt.
Die Kulturlandschaft Lewitz ist heute in weiten Teilen unter Schutz gestellt. Sie wird durch weite ebene Wiesen- und Ackerflächen geprägt und ist von prächtigem Wald und den weithin bekannten Fischteichen durchzogen. Entsprechend der Nutzung spricht man von der Wiesen-, Acker- und Waldlewitz.
Mitten im Gebiet der Lewitz gibt es nur einen Ort: Friedrichsmoor. Alle anderen Orte der Lewitz liegen an den Randgebieten. Zum Wirtschaftsgebiet der Lewitz wurden insgesamt 68 Orte und Gemeinden gezählt, die durch die gemeinsame Nutzung von Wiesen, Äckern, Wald und Teichen direkt oder indirekt von ihr abhängig waren.

Diese Fläche mit Fischteichen und Vogelschutzgebiet ist 13 x 16 km groß. Fisch- und Seeadler und viele andere Vogelarten von besonderem Wert sind hier heimisch. Tausende Zugvögel rasten in der Region und bieten ein einmaliges Naturschauspiel. Auf den Wiesen der Lewitz weiden zahlreiche Rinder- und Pferdeherden.
Die Elde – ein Zufluss zur Elbe – prägt bis heute diese Kulturlandschaft. Vom Schweriner See bis hin zur Elbe ist der Störkanal eine wichtige Wasserstraße.
Die Dörfer der Lewitz sollen alle ab der 2. Hälfte des 12. Jahrhunderts entstanden sein. Die Ersterwähnung von Plate ist im Jahre 1191, Banzkow und Spornitz um 1300 nachweisbar. Alle Orte haben neben \`Natur pur\` auch Sehenswertes zu bieten. Dazu gehören alte Kirchen, Schleusen, Technische Denkmale, Museen und vieles mehr… Außerdem gibt es vielfältige Angebote rund um den Wasser- und Angelsport.

Eine Besonderheit ist auch die Pferderasse „Lewitzer", die ihren Ursprung in dieser Region hat und deren Zuchtbuch hier erstellt wurde. Die „Lewitzer" werden einfarbig und auch als Schecken (Pintos genannt) gezüchtet. Diese unkomplizierten Pferde werden auf den Reiterhöfen gerne für die Kinder- und Jugendarbeit und für Ausfahrten genutzt.

„Lewitzer" Zuchtgruppe vom Reiterhof Mietz in Plate, Inh. Ralf Weihs.

In dieser einmaligen Kulturlandschaft sind viele Sagen und Geschichten entstanden, die bis heute erhalten sind. Einen Teil davon haben wir für dieses Buch wieder entdeckt und zu neuem Leben erweckt.
Gemeinsam mit dem Kultur- und Sagenverein MV und weiteren Partnern haben wir in der Lewitzregion „Sagensteine" aufgestellt und auf Tafeln die zum jeweiligen Ort passende Sage niedergeschrieben.
Die beschriebenen Orte sind auf der Rückseite des Buches gekennzeichnet.

September 2019 *Evemarie & Dr. Frank Löser*

Bahlenhüschen

Wie der Ort zu seinen Namen kam

Vor dem 30-jährigen Krieg soll es an der Gemarkung des heutigen Ortes Bahlenhüschen, Ortsteil der Gemeinde Tramm, bereits ein Dorf gegeben haben. Gleich hinter dem Forsthaus zweigt ein Damm vom Hauptweg ab, der Jameldamm. An dieser Weggabelung lag einige Jahre lang eine Glashütte (1705–1718/19), mitten im unbedingt benötigten Holzbestand. Hier arbeiteten auch Knechte aus der Umgebung.
Als die Glashütte geschlossen wurde wollte sich einer an dem kleinen Berg ein Haus bauen. Ihm gefiel die Lewitz mit ihrem Wasser- und Waldreichtum gar sehr. Weil er aber nicht das nötige Kleingeld hatte baute er ein Haus aus Bohlen, das Bohlenhaus. Aus dem Namen Bohlenhaus wurde dann in den vielen Jahren der Ortsname Bahlenhüschen und es wurden im Laufe der Zeit noch weitere Häuser gebaut.
1718 heiratete ein junges Paar aus Bahlenhüschen in Tramm; das soll die erste belegte Nennung des Ortes im Trammer Kirchenbuch sein. Der Forsthof und die ‚Lewitz Glashütte' werden in verschiedenen Archivakten bereits lange vor der Ortsgründung erwähnt.
Der heutige Ort steht auf dem geschichtsträchtigem Boden vom alten „Bohlenhäuschen".

Die Glashütte

Sie lag unweit der beiden Hallenscheunen (1770 bzw. 1771 erbaut), zwischen Hüttergraben und Jameldamm und bestand von 1705 bis ca.1719. Das entstandene Waldglas sah grün aus, weil der verwendete Sand eisenhaltig war. Welche Glasformen in welchen Mengen hergestellt wurde ist leider nicht überliefert.

Der einstige Standort dieser Glashütte ist bis heute nachweisbar und fällt während der Vegetation durch eine auffallend üppig bewachsene Fläche auf - das Umfeld hat deutlich weniger Pflanzenwuchs. Dieses ovale Waldstück (77m lang und 45m breit) ist in der Lewitzkarte eingezeichnet.

Waldglas, ausgestellt im Waldglasmuseum Langen Brütz

Die Glashütte ist ein Zeitzeuge der Lewitz Geschichte - im Teil der Waldlewitz - mit dem daraus entstandenen Ort Bahlenhüschen.
Der letzte bekannte Köhler, Herr Karl Flachmann aus Kraak, arbeitete nachweislich bis Ende des 2. Weltkrieges in der Wirtschaftsregion Lewitz.
Die heutige Revierförsterei entwickelte sich nach der Übernahme der landwirtschaftlichen Flächen von der ehemaligen dominalen Glasbläserei.

Förster Gentner

Es war um 1720, als Förster Gentner im Forstrevier Bahlenhüschen seine Arbeit verrichtete. Wie alle hier hielt auch er sich ein paar Schafe, zwecks Verarbeitung der Wolle und auch des Fleisches. Seine Weiden, auf der hiesigen Seite des Störkanales gelegen, waren ihm wohl zu klein geworden. Vielleicht wuchs auf der gegenüberliegenden Seite in Jamel auch besseres Futter; er trieb seine Schafe auf die Jameler Seite. Deshalb kam es zum Rechtsstreit und es wurde entschieden: Förster Gentner darf seine Schafe nicht mehr auf die andere Seite treiben. Was machte Förster Gentner? Er trug seine Schafe auf die andere Seite. Er habe sie nicht getrieben, erklärte er dann vor Gericht - aber geholfen hat ihm diese Ausrede nicht.

Diese rekonstruierte niederdeutsche Hallenscheune mit Reetdach wird heute für vielfältige Veranstaltungen genutzt. Sie ist ein beliebter Treffpunkt in der Kulturlandschaft Lewitz.

Am Jameldamm war einst der Standort einer Glashütte mit dazugehörender Köhlerei. Der Forstscheune Bahlenhüschen e.V. organisiert die Schauköhlerei in der Lewitz und trägt zum Erhalt dieses IKE bei.

Meiler in der Abendstimmung. Foto: Klaus-Herbert Schröter, Plate

Kuh gab keine Milch mehr

Früher wurden die Kühe morgens einfach aus dem Stall gelassen. Der Hirtenjunge des Dorfes trieb dann alle Kühe auf die gemeinsame Weide und abends wieder zurück ins Dorf. Dort ging jede brav in ihren Stall zurück. Nur die Kuh vom Großvater blieb im Dorf vor einem bestimmten Haus stehen, während die anderen Kühe an ihr vorbei zum heimatlichen Stall trotteten. Sie aber lief zuerst auf den fremden Hof und nach einer kurzen Zeit in ihren eigenen Stall. Wenn sie dann, wie üblich, gemolken werden sollte, gab sie keine Milch. So ging es eine ganze Zeit, bis der Großvater energisch wurde und bereits auf der Straße wartete, wo seine Kuh herkam. Nun konnte er es mit eigenen Augen sehen. Die Alte auf dem anderen Hof bestritt natürlich, die Kuh heimlich zu melken. Zum Glück wohnte im Nachbarort einer der mehr konnte, als nur Bücher lesen. Großvater ging zu ihm und bat um Rat. Der Kundige holte eine alte schon deutlich abgegriffene Bibel aus dem Küchenschub. Er legte sie auf den Tisch und darauf einen großen Schlüssel. Nun sollte Großvater Namen von verdächtigen Personen nennen. Bei den ersten Namen geschah nichts, dann nannte er die Alte und der Schlüssel, der auf der Bibel lag, drehte sich von ganz allein herum. Nun wusste er, wer seine Kuh behext und sie heimlich gemolken hatte. Seit dieser Stunde war aber auch der ganze Spuk vorbei.

Banzkow

In den Zwölften

Die Alten haben es immer den Jüngeren erzählt und davor gewarnt: In den zwölf Nächten zwischen Weihnachten und Hochneujahr soll man nicht backen. Sollte man das missachten, dann war der Backtrog plötzlich mit Hunden gefüllt. Dies sollen die Hunde der Frau Waur gewesen sein.

Unterirdische

Vor langen Zeiten geschah folgendes: Eines Abends verschwand eine Frau aus Banzkow spurlos. Ihr Mann, der an diesem Tag in Grevesmühlen zu tun hatte, kam spät und recht erschöpft nach Hause. Es war

Hubbrücke und Schleuse am Störkanal in Banzkow

fast dunkel, als er durch die Flur bei Banzkow schritt. Da hörte er eine helle Stimme singen - und diese Stimme kannte er doch. Bei genauem Hinschauen sah er seine Frau, die im hellen Mondschein auf einem Stein saß. Sie hatte ein Kind von den ‚Unterirdischen' auf dem Schoß. Vorsichtig trat er langsam an sie heran und fragte: „Mutter, bist du das?" „Ja, Vater." „Wie kommst du hierher?"

„Ich bin nun Kindermädchen bei den Zwergen. Die Alten haben mich geholt."

„Oh, Mutter, komm wieder mit nach Hause!" „Lass mich man hier. Ich bin das Essen doch nicht mehr so gewöhnt."

Das alles ließ der Mann aber nicht gelten. Er führte sie mit festem Griff nach Hause. Wenige Tage später war die Frau tot.

Mann ohne Kopf

Das Nettelrad zwischen Banzkow und Sukow, im Dreieck mit Plate, ist weithin bekannt.
An der zweiten Steinbrücke, hinter der Abbiegung nach Plate, soll es eine Zeitlang nicht so recht geheuer gewesen sein. Dort hat man einen Mann ohne Kopf herumlaufen sehen. Leute die nachts im Wald unterwegs waren, ob auf dem Heimweg oder bei der Arbeit, die machte er ganz kopfscheu. Waren sie im Wald um Holz oder Nadelstreu zu holen, fanden sie ihre Karren nicht wieder. Und dann war diese auf dem Heimweg meist um ein vielfaches schwerer als normal und lief immer aus dem Rad. Keinesfalls steuerte die Karre so, wie es der Lenker wollte.
Auch auf die Männer, die nachts aus Sukow vom Kartenspielen kamen, wartete er. Er setzte sich bei manchen auf die Schulter und ließ sich ein ganzes Stück tragen. Kamen diese dann aus der Puste, sprang er ab und verschwand.

Die Banzkower und ihre Gäste feiern heute gern ihre beliebten Feste im Neddelrad; der Spuk ist verschwunden.

Der Werwolf war eine Hexe

Wenn einer immer Fleisch hat und die anderen nicht, muss das zu Neid führen.
Ein Mann aus Banzkow hatte immer Hammelfleisch in der Kiepe wenn die anderen nichts hatten. So fragten sie ihn eines Tages: „Wie kommst du dazu?"
„Das weiß ich auch nicht, meine Frau besorgt mir das immer."
„Das ist eine Hexe, sie stiehlt die Hammel aus der Herde. Steig du mal rauf auf den Boden und schaue aus der Luke raus."
Gesagt, getan. Was musste er sehen: Seine Frau in Gestalt eines Wolfes holte den besten Hammel aus der Herde und schleifte ihn bei den Ohren herbei, ins eigene Haus. Laut rief er, als sie damit herein kam: „Du alte Hexe, ich will dein Hammelfleisch nicht essen, du wirst deine Strafe wohl kriegen. Wenn du verbrannt wirst, will ich das Holz auf meiner Achsel herantragen."
„Mein Nein, gilt ebenso viel wie dein Ja," war da die Antwort.

Vor Gericht sagte sie dann aus: „Mein Mann ist ein Hexenmeister. Wenn sie ihm die Schulter ablösen, dann bekommen sie das zu Sehen.“ Der entsprechende Befehl der Herren des Gerichts wurde ausgeführt. Jetzt rief sie: „Ich bin eine Hexe. Mein Mann wollte auf seiner Schulter das Holz herantragen, wenn ich verbrannt bin, das kann er nun doch nicht.“

Die Wassermuhme

Im Mühlengraben bei Banzkow, so erzählen es die Plater, verbirgt sich eine Wassermuhme. Sie lockt Kinder ans Wasser, damit sie ertrinken. Besonders dann, wenn sie lange kein Opfer gefunden hatte, soll man an lauen warmen Sommerabenden ihre lockenden Rufe vernommen haben. An einem solchen Sommerabend ging einst ein Mann am Mühlenfließ entlang. Erschrocken fuhr er zusammen, als er diese unheimlichen Rufe hörte: „Die Zeit ist hin, der Mensch noch nicht.“ Galt dies für ihn oder jemand anderen? Als er noch darüber nachdachte, kam eine Büdnersfrau aus dem Haus und schritt geradewegs auf den Graben zu. Sie wollte sich erfrischen. Rechtzeitig, bevor sie mit der Hand die Wasseroberfläche teilte um Wasser zu schöpfen, riss der Mann sie zurück. Trotzdem sank sie ohnmächtig zusammen. Er holte Hilfe und die Frau konnte gerettet werden.

Der wilde Jäger

Der wilde Jäger war hinter einer Hirschkuh her, die er mit seiner Hundemeute fangen wollte. Ein Bauer sah dies, öffnete die Vordertür seines Hallenhauses und die Hirschkuh sprang hinein und hinten heraus. Dann machte der Bauer die Tür wieder zu. Inzwischen war der wilde Jäger herangekommen und wollte auch hindurch. Weil das nicht ging beschimpft er den Bauern. Zur Strafe sollte er seine drei feurigen Hunde an der Leine halten. Wenn er rufen würde „Lass los“ dann soll er sie festhalten, wenn er aber rufen würde „Halt fest“, dann soll er die Hunde los lassen. So wollte der wilde Jäger die Hirschkuh irritieren und doch noch einfangen.

Meine Banschower Gläser

Herzog Heinrich IV. von Mecklenburg (1417–1477), auch ‚Heinrich der Dicke' oder ‚Heinrich der Fette' genannt, konnte viel Land sein eigen nennen. Er besaß immerhin 12 000 Quadratkilometer, aber er war kein guter Landesvater. Seine Sauferei (vornehm Trunksucht genannt) und seine überaus große Verschwendungssucht brachte das Land fast in den Ruin. Er machte immer größere Schulden und musste seinen Familienschatz samt Silberzeug verkaufen um seinen Lebensstil fortsetzen zu können. In Banzkow, einem damals weithin bekannten Dorf mit guten Holzschnitzern und Drechslern, ließ er alle möglichen Hauhaltgeräte wie Kannen, Schalen, Teller usw. aus Holz anfertigen. Sie wurden kunstvoll bemalt, teilweise auch vergoldet und zierten dann die Tafeln des Herzogs. Selbst die edel aussehenden Trinkbecher auf seinem Tisch waren aus Holz. In angeregter Laune zeigte er stolz auf sie und nannte sie: „Meine Banschower Gläser."

Der schweigsame Bauer

In Banzkow war einst ein Bauer beim Säen. Von dieser Arbeit schlapp und müde geworden ruhte er sich auf einem Kornsack aus - und war sofort eingeschlafen. Er schlief und träumte fest; da hörte eine feine Stimme und sah einen Unterirdischen vor sich stehen. Der Kleine sagte: Was du hier aussäen tust, davon kriegst du doch nichts mehr zu essen. Der Bauer dachte lange darüber nach und traute sich nicht, seinen Traum zu erzählen.

Die Erntezeit kam und das Mähen sollte beginnen. Der Bauer nahm seine Sense und ging mit den Knechten und Mägden aufs Feld. Bevor er die Sense ansetzte, pulte er einige Körner aus der ersten Ähre und steckte sie in den Mund. Dabei dachte er: „So, du kleiner Zwerg! Nun hast du doch nicht recht. Ich habe etwas von meinem Korn gegessen." Kaum hatte er es gedacht, da stand der Unterirdische vor ihm und sprach: „Es ist dein Glück, dass du nichts von unserem Gespräch im Frühjahr erzählt hast." Dann war der kleine Mann wieder verschwunden und die Ernte, die Gutes versprach, konnte beginnen.

Pferdeköpfe

Auffallend sind Pferdeköpfe als Giebelschmuck, die in Banzkow und in vielen anderen Orten der Lewitz zu sehen sind. Diese Giebelbretter, die etwa 50 cm über den Dachfirst hinausragen, schützen die Stroh- oder Reetdachüberhänge vor dem zerzausenden Wind. Einst sollten sie aber das Haus schützen und die Bedrohungen von der wilden Jagd abwehren, denn der Wotan erkennt an den Giebelbrettern, dass im Haus Freunde wohnen die ihn verehren. Dann lässt er sie ungeschoren oder bringt sogar etwas Gutes mit.

Es steht geschrieben, dass einst die Germanen Pferde geopfert haben um Wotan milde zu stimmen, wenn in den zwölf Nächten die wilde Jagd über das Land fegte. Den meist jungen Pferden trennte man die Köpfe ab und brachte sie auf den Dachspitzen der Häuser an. Aber immer an der höchsten Stelle des Daches und damit weithin gut sichtbar für Wotan. Schon lange werden diese Pferdeköpfe aus Holz geschnitzt und sie sollen auf die Erdverbundenheit des Hausbesitzers und seine Tierliebe hinweisen.

Es gibt einfach stilisierte Pferdeköpfe (selten andere Tierarten), aber auch fein geschnittene mit gezähnter Mähne, Stirnlocke und weiteren Verzierungen. Über die Bedeutung gibt es verschiedene Aussagen, aber sie sind immer eine originelle Giebelzierde.

Pferdeköpfe auf einem Reetdach in Banzkow

Der Volksmund deutete die Stellung der Pferdeköpfe auf verschiedene Art: Schauen sich die Pferdeköpfe an, soll der Bauer beim Errichten des Gebäudes bereits verheiratet gewesen sein. Schauen die Köpfe aber nach außen, war er ledig und sah sich nach einer Frau um. Anders heißt es: Schauen die Köpfe nach außen, gehört dem Bauer auch das Land; schauen sich die Köpfe an, dann ist er nur Pächter. Diese Pferdeköpfe soll es schon seit dem 16. Jahrhundert geben.

\`Fachkundige\` Männer wissen es genau: wenn die Köpfe nach außen zeigen, hat die Bauersfrau einen großen Busen; schauen die Köpfe nach innen, dann ist der Busen klein. Wenn aber die Pferdeköpfe am Dach fehlen, dann soll es im Haus sehr schlecht um das Sexualleben bestellt sein.
Diese Pferdeköpfe werden im Plattdeutschen ‚Muulapen‘ (Maulaffen), auch Rossgoschen oder ‚Hengst und Hors‘ genannt.
Aber: Zwei geschnitzte Pferdeköpfe auf der Spitze beider Giebel schützen das Haus vor Hexerei. Daran sollte man glauben.

Die Kröte*

Es waren einst zwei Schwestern, die lebten zusammen in einem Haus. Die Zeit zum Säen und Pflanzen war herangekommen und im Garten hinter dem Haus gab es viel Arbeit für Marie und Luise. Marie steckte gerade die ersten Zwiebeln und Luise verteilte mit einer Forke Mist auf den Beeten – als sie plötzlich aufschrie. Beinahe hätte sie eine dicke alte Kröte, die wirklich unansehnlich aussah, mit der Forke aufgespießt - und es auch gerne getan. Ihre Schwester Marie hielt sie davon ab, das würde nur Unglück bringen und sie würde den Unmut der Unterirdischen auf sich ziehen. Sie solle auch bedenken, dass die Kröte ihnen bei der Jagd auf Schnecken helfe. Luise sah dies ein und ließ die Kröte am Leben, obwohl sie sich mächtig davor ekelte. Dann vergingen einige Wochen und die beiden Mädchen wurden zur Kindstaufe bei den Unterirdischen eingeladen. Sie putzten sich heraus, nahmen ein Geschenk für das Kind mit und gingen zur Feier. Das Baby war noch sehr klein und sah recht runzelig aus. Es lag in feinstem Linnen in einer goldenen Wiege und die Mutter blickte überglücklich auf ihr Kind. Auch Luise schaute mehrmals zum Kind und fand, dass es doch recht merkwürdig aussah. Die Kindsmutter begrüßte alle Taufgäste herzlich und das Fest begann. Nur Luise rutschte unruhig auf ihrem Sitzplatz hin und her und bat ihre Schwester, mit ihr nach Hause zu gehen. Die Gastgeberin fragte erstaunt nach dem Grund des plötzlichen Aufbruchs. Luise schaute nach oben und zeigte auf ein Schwert, das die ganze Zeit nur an einem seidenen Faden über ihrem Kopf gehangen hatte. Da sprach die Kindsmutter beruhigend auf Luise ein, sie könne ganz ohne Furcht auf ihrem Platz sitzen bleiben. Das Schwert würde sicher hängen und keinesfalls herunterfallen und sie verletzen. Luise wunderte sich sehr, wieso konnte die Frau das so genau wissen? Die Wöchnerin erzählte ihr, dass auch ihr Leben kürzlich an einem seidenen Faden gehangen hätte, als sie beinahe mit einer Mistgabel aufgespießt wurde. Luise stand wie versteinert da und sagte kein Wort, sie dachte nur an den Moment in ihrem Garten und war froh, dass ihre Schwester tröstend ihre Hand hielt.

**Diese Sage gibt es in mehreren Variationen; eine ausführliche Variante stammt aus Swinemünde. Auch Wilhelm Busch hat diese Geschichte in „Der Gärtner und die Kröte“ beschrieben.*

Die Kartoffelmaus

Die ‚Kartoffelmaus‘ Marianne Böthfüer Foto: Karl-Georg Haustein

Die steinerne Kartoffelmaus auf dem Dorfplatz in Banzkow

Die steinerne Kartoffelmaus, das Maskottchen von Banzkow, steht auf dem Dorfanger; die vergnügte und sehr lebendige Kartoffelmaus, alias Marianne Böthfüer, ist der Blickfang bei jedem Auftritt.
Nachweislich wurden in Banzkow anno 1766 die ersten Kartoffeln der Lewitz angebaut. Der Kartoffelanbau wird bis heute fortgesetzt und die Traditionen rund um die Knolle werden vielfältig - wie im Rahmen der traditionellen Kartoffelwochen - gepflegt.

Treidelpfad

Der Treidelpfad an der Störwasserstraße (Störkanal genannt) ist ca. 13 km lang. Einst wurden die Baumstämme aus der Waldlewitz in schwerer körperlicher Arbeit auf dem Kanal zu Flößen verbunden. Mit der Körperkraft der Flößer treidelten (zogen) sie diese Flöße auf dem Störkanal bis zum Schweriner See. Dort wurde das Holz per Motorboot quer über den See zu den Möbelwerken am Sachsenberg geschleppt.
Heute ist dieser Treidelweg ein beliebter und auch viel genutzter Rad- und Wanderweg der Wiesenlewitz.
Aus einer abgestorbenen Pappel schufen Christian Wetzel und Volkmar Förster einst die Holzskulptur „Der Flößer von Banzkow“. Viele Jahre bewachte dieser imposante Flößer den Störkanal und den Treidelweg. Dann hat ein Pilz den Stamm befallen und er musste gefällt werden.

Der *Flößer (Sammlung Kurt Haustein, Plate)*

Blievenstorf

Die Altenteiler

Ohne ersichtlichen Grund starben bei einem Bauern im Dorf alle Kühe. Sie lagen, die Beine weit von sich gestreckt, unter der Futterkrippe. Danach begann das Dilemma bei den Ferkeln. Es war unerklärlich. Da gab sein alter Vater ihm folgenden Rat: Er soll ein totes Ferkel aufschneiden, das Herz entnehmen und es bei Sonnenuntergang im Backofen verbrennen. Alle sollen sich im Haus einfinden und alle Türen und Fenster ganz dicht verschließen. Keiner dürfe einen Ton von sich geben, wenn eine Person außerhalb des Hauses anklopft oder etwas wissen wolle. Denn diese Person hätte die Hexerei begangen. Nun waren sich alle einig und taten es so, wie vereinbart. Die Abendsonne war fast untergegangen, es wurde schon duster – da klopfte es gar heftig an die Haustür. Alle fassten sich an und blieben ganz still. Nach einiger Zeit fragte das Dienstmädchen ängstlich mit piepsiger Stimme: „Wer ist draußen?" Es meldete sich niemand, nur das Klopfen an der Tür wurde immer schwächer bis es dann ganz verstummte. Erst am anderen Morgen sahen sie vor die Tür. Da lagen der Bruder des Bauern und seine Mutter tot auf dem Hof. Sie hatten auf dem Altenteil gewohnt.

Die Bäunerollsch

Im Dorf konnte ein Büdner hexen. Seine Kuh stand zwar trocken, aber er bekam immer genügend Milch, weil er die Kuh von seinem Einlieger behext hatte. Sie musste in seinen Eimer melken. Die anderen Leute bekamen nie Butter, die hatte der Bauer schon im Voraus gemacht. Einmal konnte der Mann seiner Einlieger auch keine Butter bekommen. Die Hälfte vom Rahm goss er in einen Topf und kochte alles auf. Da kam die Frau des Büdners mit einem vollkommen verbrannten Arm angerannt und sagte: „Schau mal, Nachbar, mein Arm!"
Der antwortete nicht und sah auch nicht hin. Die Büdnersfrau musste wieder fortgehen. Als aber abends seine Frau nach Hause kam zeigte die Büdnersfrau auch ihr den verbrannten Arm und sagte: „Schau mal,

Nachbarin, mein Arm!“ Da antwortete seine Frau: „Mein Gott, wo bist du damit gewesen?“ Das hatte die Büdnerhexe genau so gewollt und alles ist wieder gut geworden - wenn man solchen Personen eine Antwort gibt.

Eierschnorrer

In der Nacht zum Ostersonntag sind die ‚Eierschnorrer‘ (‚Eiersammler‘) in Blievenstorf unterwegs. Sie sammeln Eier ein und wenn es keine Eier gibt, wird schon mal das Gartentor vorsichtig ausgehakt und beiseite gestellt.

Beim Erbitten der Eier werden auch traditionelle Sprüche aufgesagt:
God'n Dag in Juch Huus, juch Deel is so kruus,
juch Schoapstall is so holl un‘ boll,
achtern Eier gevt ji uns woll.

Achtein Eier in uns Kiep,
ji war'n selig, wi warn riek.

Gevt ji uns kein Eier nich, peert uns Hahn juch Heuner nich.

Hett de geele Puut al lecht?

Wenn sich nach diesen Sprüchen im Haus nichts rührt, kommt noch ein Zusatz von den Eierschnorrern:
Laat uns nich so lang hier stahn, denn wi willn noch wierer goahn.

Wenn man nun doch wach ist, wird das Fenster geöffnet und es werden einige rohe Eier übergeben. Meistens bekommt man für die Spende einen Koem.

Die gesammelten Eier wurden immer gemeinsam gebraten und gegessen.

**In Garwitz wird dieser Brauch bis heute, aber hier am Abend vor dem Pfingstsonntag, zelebriert.*

Brenz

Von den Hexen

Zum Burgwall nach Brenz sind die Hexen in der Mainacht geritten, dann sind sie `so lang gemacht` im Dorf. Um Mitternacht mussten sie alle da sein.

Wenn die Zwölften beginnen, reiten die Hexen genau 12 Uhr zum Blocksberg hin.

Die slawische Burg

Bei Brenz wurde um 700 eine slawische Burg errichtet. Bereits von weitem kann man die Reste des Burgwalls erkennen, sie liegen in Richtung Lewitz. Das Dorf selbst wurde anno 946 in einer Urkunde von Kaiser Otto I. (912 - 973) als ‚*terra brenzia*' erwähnt.

Die Räuberburg

Auch als Räuberburg soll diese alte Burg gedient haben, mit einem unterirdischen Gang bis zu den Sonnenbergen bei Parchim. Sollte damit eine Verbindung zwischen dem Räuber von Brenz und dem Räuber Viting in den Sonnenbergen möglich gewesen sein?

Dieser ehemalige Burgwall mit seiner kesselartigen Vertiefung bot einen guten Sichtschutz; man konnte nicht sofort gesehen werden. Diese Lage ist auch typisch für die Namensgebung ‚Blocksberg' – Hexentreffpunkt. Die Hexen selbst sollen die Verursacher der Vertiefung gewesen sein. Durch ihr Herumtanzen und –toben, wurde der Boden derart festgetreten, dass eine Senke entstand.
Hier trafen sich einst die Hexen aus Brenz, Dütschow und auch aus Spornitz.

Burgwall zu Brenz

Der große Brand

Pastoren waren schon immer wichtige Zeitzeugen der Geschichte, weil sie das Kirchenbuch führten und alle Ereignisse aufzeichneten. Damit flossen sie in die Chronik eines Ortes ein.
So auch der Pastor, der im Jahre 1800 seinen Dienst in Brenz versah. Er schrieb damals folgendes nieder: „Am 29. April 1800 nachmittags 4.00 Uhr wurde das Dorf von einem verheerenden Schadensfeuer heimgesucht. Innerhalb weniger Stunden lag Brenz in Schutt und Asche. 64 Gebäude, das Pfarrhaus, das Küsterhaus und das Kirchenbuch wurden vernichtet, sie wurden ein Opfer der Flammen."
Heil und unbeschädigt waren die alte steinerne Kirche und drei recht abseits stehende Gehöfte geblieben.
Brenz und Neu Brenz wurden um 1797 und nach dem Brand von 1800 erbaut.

Zahnschmerz

Der Teufelsweg, ein ungern begangener und auch berüchtigter Weg, verlief zwischen Brenz und Dütschow nach Steinbeck hin. Er wurde auch Dreiteufelsweg genannt und mancher wollte den Teufel hier selbst gesehen oder gar getroffen haben.
Eine Frau, geplagt von starkem Zahnweh, lief eines Tages hier entlang.

Sie jammerte wegen der Schmerzen gar sehr und hatte den Kopf mit einem dicken Schal umhüllt. Sie war nur mit sich beschäftigt und hatte keinen Blick für den Weg und die Umgebung. Plötzlich sah sie ihn oder glaubte, den Teufel vor sich zu sehen. Der Schreck fuhr ihr mächtig in die Glieder; kurz danach bemerkte sie, dass der Zahnschmerz weg war.

Fahrt zum Blocksberg

Immer zur gleichen Zeit, in der Nacht vom 30. April zum 1. Mai, ritt die Frau eines Edelmanns auf dem Rücken ihres Dienstmädchens zum Hexentreff auf den Blocksberg. Das Dienstmädchen vertraute sich eines Jahres ihrem Bräutigam, Knecht Johann auf dem gleichen Hof, an und sagte: wenn diese Nacht bloß erst vorbei wäre. Sie erzählte ihm dann die ganze Geschichte. Da hatte er eine Idee. „Das wollen wir hinkriegen. Ich gehe in dein Bett schlafen und du in meins."

Gesagt, getan. Nachts kam die Frau ans Bett des Dienstmädchens, legte nun dem Knecht das Zaumzeug um und ritt nun mit ihm zum Blocksberg. Dort wurde er an einen Baum gebunden und stand nun als Pferd da. Er scheuerte und schubberte sich solange, bis er das Zaumzeug abgestreift hatte. Als ihm dies gelungen war, stand er wieder als Knecht Johann da. Die Edeldame kam zurück und forderte vom Knecht das Zaumzeug.

Nein sagte der Knecht, so geht das nicht. Du bist auf mir her geritten und ich reite auf dir nach Hause.

Die Frau konnte sagen was sie wollte, der Knecht blieb dabei und sie musste sich das Zaumzeug anlegen lassen. Auf dem Heimweg ritt er beim Dorfschmied vorbei und ließ die Vorderhufe ‚seines Pferdes' beschlagen. Zu Hause angelangt ging der Knecht gleich ins Bett. Die Edelfrau war am nächsten Tage krank. Der Knecht wusste was ihr fehlte und zeigte auf ihre Hände. Es waren richtige Hufeisen daran geschmiedet. Das war nun auch dem Edelmann zu viel: seine Ehefrau eine Hexe. Nein, das wollte er nicht. Er ließ seine Frau erschießen.

Der Blocksberg in Brenz ist der alte Burgwall des Ortes. Diese Stelle wurde einst von den Einwohnern als die Versammlungsstätte der Hexen angesehen.

Teufel holt den Priester

Der Priester von Brenz war ein Prediger vor dem Herrn, wie er immer gern gesucht wurde. Wenn er predigte weinten die Leute, weil er alles so eindringlich darstellen konnte. Aber nach der Predigt machte er sich abends auf dem Weg nach Ludwigslust. Dort spielte er den ganzen Sonntag Karten. Das war nicht gerade eine göttliche Tat in früheren Zeiten. Für den Weg nach Ludwigslust und zurück nach Brenz ließ sich der Priester von einem Bauern fahren. Sie mussten am Neustädter See vorbei. Plötzlich wurden die Pferde wild und der Bauer konnte diese nur mit Mühe im Zaum halten. Hinter dem Kutscher rief es immer wieder: „ Rette mich, rette mich.“ So die Worte des Priesters.
Der Bauer aber hatte zu viel Angst um nach hinten in den Wagen zu sehen. Er wollte nur nach Hause und gab den Pferden die Peitsche. Zu Hause schaute er dann in den Wagen, der aber war leer. Der Priester war weg. Also kehrte der Bauer sofort um, damit er den Priester suchen und wieder aufladen konnte. Er fand den Priester nicht, aber auf der Wasseroberfläche des Neustädter Sees schwamm dessen Hut. Der Teufel hatte ihn wohl geholt und in den See gezogen. Ab diesem Zeitpunkt brannte nachts immer das Licht in der Brenzer Kirche.

Gewitter zu Brenz

Eine lang anhaltende Dürre machte den Bauern aus Brenz - und wahrscheinlich nicht nur ihnen - arg zu schaffen. Sie kamen zusammen um die Lage zu beraten. So entstand die Idee, man müsste nur Geld sammeln und sich dafür ein Gewitter kaufen. Für gutes Geld sollte es wohl zu haben sein. Gesagt, getan - einer musste nach Neustadt-Glewe gehen und in der Apotheke nachfragen. Dort angekommen trug er sein Anliegen vor. Der Apotheker meinte, da müsse er aber etwas Warten. Nach einer gewissen Zeit übergab er dem Mann eine Schachtel. Geöffnet werden dürfe sie aber erst in Brenz, waren noch die mahnenden Worte des Apothekers. Erst ging der Bauer aber noch in den Gasthof um Leib und Seele zu stärken, danach trat er den Heimweg an. Unterwegs wurde bei ihm die Neugier immer stärker und er griff zur Schachtel. Darin brummte und summte es gar sehr. Er öffnete sie erst ein wenig und dann noch weiter. Der eingesperrte Käfer krabbelte heraus und flog

ganz schnell weg. Es war ein Mistkäfer, den der Apotheker als ‚Gewitter' mitgegeben hatte. Der Bauer war ganz außer sich vor Aufregung und rief: „Immer nach Brenz, nach Brenz." Er glaubte noch immer an das gewünschte Gewitter.
Der Bauer hatte großes Glück, noch am gleichen Abend hatte Brenz ‚sein' Gewitter und es fiel auch ausreichend Regen. Die große Dürre war vorbei und die Ernte war gerettet.

Licht in der Kirche

Nicht immer, doch ab und an, brannte in der alten Brenzer Kirche abends Licht. Es leuchtete so, als würde sie innen von lauter schönen Kronleuchtern ausgestrahlt. Die Einheimischen wussten um das Geheimnis oder taten jedenfalls so, darum gekümmert haben sie sich

Kirche zu Brenz – im Vorgängerbau soll nachts oft Licht gebrannt haben.

wohlweislich nicht. Warum an Dingen rühren, die vielleicht nur Unheil bringen? Eines Tages kam ein Reisender ins Dorf und dem erzählten sie die Geschichte. Ausgerechnet an diesem Abend brannte wieder Licht in der Kirche. Mutig und zielstrebig nahm er eine Leiter, stellte sie an eins der Fenster und schaute hinein. Ein Blick soll es nur gewesen sein, dann stürzte er von der Leiter und hatte seitdem viel Leid zu tragen. Aber erzählen was er gesehen habe, oh nein, das wollte er nie.
Ein anderer Mensch stieg nicht auf die Leiter, er schaute einfach durch das Schlüsselloch. Er berichtete was sah er: Drei Männer gingen immer um den Altar herum und zählten Geld. Sofort wurde kombiniert, dass sich ganz früher der Pastor, der Küster und auch der Kirchenälteste am Geld der Kirche bereichert hätten. Gott habe sie bestraft und nun müssten sie um den Altar wandern und das Geld zählen.
Wie dem auch sei, es muss wohl etwas dran gewesen sein mit dem Licht in der Kirche. Aus dem Amt Neustadt, zu dem Brenz gehört, kam die Obrigkeit um den Fall zu überprüfen. Es wurde angeordnet, dass abends ab sechs kein Licht aus den Häusern zu scheinen habe, da man annahm es sei der Widerschein davon. Das Dorf war finster, aber das Licht aus der Kirche schien weithin in die Lewitz. Mit dem Bau der neuen Kirche war auch das Licht verschwunden.

Vier – Augen – Gespräche

Der Pastor Reuter, er verrichtete Ende des 19. Jh. in Brenz seinen Dienst, konnte mit Kantor Rohde, ebenfalls in Brenz tätig, kein Vier-Augen-Gespräch führen. Pastor Reuter hatte, wie der bekannte Fritz Reuter, in Jena studiert und dort auch einer schlagenden Studentenschaft angehört. Bei einem seiner Duelle verlor er ein Auge. Der Kantor hatte bei den revolutionären Unruhen um 1848 in Schwerin ein ähnliches Missgeschick und war seitdem auch einäugig. Beider Schicksal prägte im Volksmund den Spruch: „Unser Pastor und unser Kantor können sich nichts unter vier Augen erzählen."

Schlangen bannen

Über einen Schlangenbanner in Neu Brenz wurde erzählt, dass dieser einen großen Riemen besessen habe und sofern er sich diesen umgeschnallt hat, sind alle Schlangen aus der näheren Umgebung zu ihm gekommen.

Schlangenbanner

Es ist in der Lewitz gewesen. Ein Schäferknecht hatte es übernommen, er wollte alle Schlangen aus der Lewitz wegbannen. Er machte einen Kreis – da kamen so viele Schlangen, dass diese fünf Fuß hoch übereinanderlagen. Zuletzt kam der Herr aller Schlangen, der ging über all seine Kinder rüber und zerbrach dem Schäferknecht die Knochen. Der Schäfer hätte zwei Kreise ziehen müssen, da wäre der Schlangenkönig nicht rüber gekommen.

Hundepflege

Ein Hund von Frau Waur blieb in Brenz. Leute aus dem Dorf haben ihn ein Jahr lang in einer Tonne gehalten, versorgt und gefüttert. Nach einem Jahr ist er wieder mit Frau Waur weitergezogen. Was er in diesem Jahr an Kot hinterlassen hat, ist aus Dankbarkeit für die Pflege zu Gold geworden.

Der Eiertopf

Hier ist Frau Waur eines Abends durch einen Katen gezogen und hat einen ihrer Hunde auf dem Feuerherd zurückgelassen. Die Kätner haben nun nicht gewusst, wie sie diesen Hund wieder loswerden, deshalb fragten sie die Nachbarn. Der Ratschlag lautete, sie sollten ihr Bier durch einen Eiertopf brauen. Da konnte der Hund plötzlich sprechen und meinte: „Ich bin so alt als die Bäume im Wald, aber dies habe ich in meinem Leben noch nicht gehört, dass man Bier durch einen Eiertopf braut.“ Danach war er verschwunden.

Frau Waur

In Brenz erzählte man, dass Frau Waur zwölf oder gar 24 Töchter gehabt haben soll. Sie hat sich immer gewünscht, da sie eine Edelfrau gewesen sein soll, ewig jagen zu können. Ihre Töchter sind dann zu Jagdhunden geworden.

Frau Waur ist mit ihrer ganzen Hundemeute durch die offene Heuluke ins Haus gekommen. Die Hunde sind sofort in Richtung Backmulde gerannt und haben den ganzen Brotteig aufgefressen. Danach hat Frau Waur mit Knochen geworfen. Sie hat so eine lange Schoßjacke angehabt, die, wenn sie so lang ging, immer so hin und her gewalkt hat. Danach ist sie wieder in die Luft gegangen und war weg.

Riesen von Brenz

In Neu Brenz wurde einst folgende Geschichte von den Riesen erzählt: Wenn die Bauern oder Mägde und Knechte abends die Türen nicht rechtzeitig geschlossen haben, sind die großen Hünen gekommen. In den ganz alten Bauernhäusern gab es damals sogar zwei Feuerstellen, auf jeder Seite eine. Einmal hat sich ein Hüne auf einen Feuerherd gesetzt und seine Beine quer durch das Haus auf den anderen Herd gelegt – so groß war er. Nun kam noch ein weiterer Hüne hinzu und hat zum ersten gesagt, deine Mutter hat einen kleinen Sohn bekommen. Da hat der so laut gelacht. Beide haben dann das Haus verlassen. Die Bauersleute waren froh, dass sie die Hünen wieder los waren.

Consrade

Frau Waur zieht

Eine Schneise zog sich einst von Buchholz bei Consrade über den Berg bis hinunter zum Störkanal. Das war der Weg, den Frau Waur mit ihrem Gefolge nahm. Zuerst kamen immer die großen Hunde mit tiefem und lautem Gebell: „Hau wau, Hau wau." Die kleinen Fixköter, wie sie genannt wurden, kamen gleich hinterher. Sie bellten aber viel heller: „Jick, jack, jick, jack." Daran schloss sich im wilden Galopp eine ganze Herde Jäger an. Ganz dicht am Kanal war ein Schlagbaum, dort hielten sie still an. Aufgemacht, hieß es dann. Weithin hörte man danach nur das Knarren des alten Schlagbaumes, wenn er sich zum Öffnen der Durchfahrt drehte. Kaum war der Weg frei ging es über die Stör. Auch heute ist auf der anderen Seite noch ein Damm. Darauf zog die wilde Jagd mit Frau Waur weiter. Es wurde getobt, was das Zeug hielt, hinein ins Unterholz und nichts wie weg.

Stürmische Nacht

Die Nächte müssen wohl pechschwarz und sehr stürmisch gewesen sein, als man zu früheren Zeiten in der Umgebung Schwerins die wilde Jagd des Jägers Wod hören konnte. Wenn man diese Geräusche vernahm war es sehr ratsam, sich sofort mitten auf den Weg zu begeben, denn dort hatte der Wod keine Kraft.

Zu später Stunde und nicht ganz nüchtern kehrte einst ein Bauer aus Schwerin kommend nach Hause zurück. Geradewegs durch den dunklen Wald schritt er heimwärts, als er das Kläffen von Hunden vernahm und zugleich auch eine Stimme rufen hörte: „Mitten auf den Weg! Mitten auf den Weg!"

In seinem beschwipsten Zustande ignorierte der Bauer das Ganze. Nur ein paar Schritte war er weiter gegangen da stand der Wod, ein langer dürrer Kerl auf einem schneeweißen Pferd sitzend, vor ihm. Er warf dem Bauer eine dicke Kette zu und rief: „Hast du Kräfte, so zieh!"

In diesem Moment war der Alkohol verflogen und der Bauer schlang gar listig die Kette um eine nahe Eiche. Der Wod zog an, aber er kam nicht voran und kehrte wieder um. Derweil hatte der Bauer die Kette vom Baum wieder gelöst. Der Wilde fragte auch sogleich: „Hast wohl die Kette um die Eiche geschlungen?" Nein, nein antwortete der Bauer mit leicht zitternder Stimme.

Der Wod versuchte es noch mehrmals und das Bäuerlein schlang die Kette jedes Mal schnell und die Eiche oder löste sie ebenso fix vom Stamm.

„Du bist der Erste, der mir Paroli geboten hat, deshalb will ich dich auch gut belohnen," sagte der Wilde und brauste unter lautem Geschrei und wildem Hundegebell von dannen. Der Bauer war froh über den guten Ausgang des Erlebten und er setzte ebenfalls seinen Weg fort. Lange war er noch nicht gelaufen, da fiel vor seine Füße ein toter Hirsch und auch der Wod war wieder zur Stelle. Er zerlegte den Hirsch und gab dem Bauern vom Blut des Tieres und ein Hinterstück. Doch wohin damit, schien der Bauer noch zu überlegen, als der Wod bereits antwortete: „Zieh deine Stiefel aus und trage alles damit nach Hause." So tat es der Bauer und er machte sich nun wieder auf den Heimweg. Die Last die er trug wurde immer schwerer. War es wirklich die Last oder zeigte nun der restliche Alkohol seine Wirkung? Er mühte sich gar sehr um alles nach Hause zu tragen und dort besah er sich sogleich die Belohnung. Der Stiefel war nicht mehr voll Blut, sondern voll Gold. Aus dem Hinterstück war ein lederner Beutel geworden und der war randvoll mit blanken Silberstücken gefüllt.

Bösen Bauern gestraft

In Consrade erging es vor vielen, vielen Jahren einem Bauern sehr schlecht. Abends, vor dem zu Bett gehen, hatte er vergessen das große Tor zu schließen. Frau Waur kam nachts angeritten und preschte, weil das Tor aufstand, gleich mitten ins Haus. Ihre großen Hunde waren immer dabei. Einen Hund ließ sie zur Strafe für das offene Tor beim Bauern zurück. Mit der Peitsche schlug der Bauer auf den Hund ein, er wollte ihn vom Hof vertreiben. Der Hund quietschte zwar bei den Hieben, aber vom Hof ließ er sich nicht vertreiben. Da nahm der Bauer eine Axt und schlug den Köter einfach tot. Beim zweiten Schlag geschah das Unglück. Die Axt löste sich vom Stiel ab und fuhr dem Bauern ins Bein. Eine furchtbare Wunde entstand und daran starb er auch bald.

Dütschow

Teufel am Kreuzweg

Der Düwelsweg, auch Steinbecker Weg genannt, der von Dütschow kommend nach Spornitz geht ist ein Kreuzweg. Dort soll es immer ganz doll gespukt haben. Die Brücke war wohl das Domizil des Teufels. Hier trieb er auch mit Vorliebe sein Unwesen und hockte sich bei Vorübergehenden auf, damit sie ihn ein Stück des Weges trugen. Mit mehreren Leuten kam eines Nachts ein Bauer von Brenz her. Genau am Kreuzweg bogen sie in den Teufelsweg ein. Da geschah es, dass der Teufel sich bei dem Bauern aufhockte und tragen ließ. Er muss sich so richtig schwer gemacht haben, damit dem Bauern die Last sehr schwer wurde. Der konnte nicht mehr und musste sich am Grabenrand hinsetzen und ausruhen. Das störte den Teufel noch lange nicht und er stieg nicht von den Schultern des Bauern.
„Teufel, geh runter, ich will mir erst eine Pfeife Tabak anstecken," meinte der Bauer zum Teufel. Hui, weg war der Teufel. Kaum brannte die Piep, da war er wieder da und saß wie vorher als schwere Last auf den Schultern. Bis zur Brücke musste der Bauer den Kerl nun noch schleppen, dann sprang der Teufel ab und war verschwunden.

Teufel als Aufhocker

Im Düwelsweg, nahe Dütschow, sitzt unweit der Chaussee der Teufel unter einer Brücke. Zündet sich dort einer eine Zigarre an, dann hockt sich der Teufel auf. Er möchte getragen werden. Setzt man sich hin, verschwindet er wieder unter seiner Brücke. Man könnte meinen, der Teufel sei Nichtraucher und will die Lungenkraft des Rauchers kontrollieren.

Die Zwölften

Von Dütschow nach Brenz ging einst die Tante meines Großvaters. Aus der Luft rief ihr etwas zu: geh auf den Mittelweg, geh auf den Mittelweg. Sie hatte es nicht verstanden und wusste auch nicht ob sie gemeint

sei. Noch einmal erklang dieser Ruf. Nirgends war einer zu sehen, weit und breit kein Mensch. Vorsichtshalber ging sie in der Mitte des Weges, da war die Erscheinung wieder weg. Wahrscheinlich war Frau Waur weiter gezogen.
Fand Frau Waur in der Zeit der zwölf Nächte auf einem Bauernhof frischen Mist, da hat sie ihre Hunde dort gelassen. Sie lagen ja schön warm und mussten ein Jahr lang durchgefüttert werden. Nach dieser Zeit holte sie ihre Hunde wieder ab.

Die Butterhexe

Auch Hexen sind vor Krankheiten nicht gefeit und so lag die aus Dütschow krank im Bett. Sie rief ihren Knecht und befahl ihm durchs ganze Dorf zu laufen und vor den Stalltüren folgenden Spruch zu sagen: „Alle Kühe die melken, melken in meinen Eimer." Der Knecht sagte aber folgenden Spruch auf: „Alle Hunde die pinkeln, pinkeln in meinen Eimer!" Milch hatte die Alte nach diesem Spruch bestimmt nicht im Eimer und der Knecht hat sich nie wieder blicken lassen.

Der Knochen auf der Brücke

Mit einem hoch beladen Fuhrwerk fuhr ein Bauer nach einem Arbeitstag in der Lewitz nach Hause. Sein Weg führte über eine Brücke und auch er wusste, hier soll es spuken. Bisher war er immer problemlos über diese Brücke gekommen, aber heute war es anders. Vor der Brücke lag ein großer Pferdeknochen. Was hatte das nun zu bedeuten?
Er tat so, als hätte er nichts bemerkt und fuhr über den Knochen hinweg. Bis zur Mitte der Brücke war er gut vorangekommen, doch dort ruckte es und das Fuhrwerk stand still. Es ließ sich weder vorwärts noch rückwärts bewegen. Erst als die Glocke ein Uhr schlug und die Geisterstunde vorbei war, konnte er seine Fahrt ungehindert fortsetzen.

Weißer Hirsch

Ein weißer Hirsch stand auf dem Kreuzweg zwischen Dütschow und Spornitz. Keiner durfte ihm etwas antun und wer es dennoch versuchte, musste sterben. Ein Edelmann wollte ihn einst zur Strecke bringen. Er ging auf Pirsch und keiner hat ihn je wieder gesehen. Es wird erzählt, er ziehe nun mit der Wilden Jagd durch die Lewitz und komme nicht mehr auf die Erde zurück.
Mit einem Knüppel wollte ein Bauer dem weißen Hirsch zu Leibe rücken. Er meinte, er hätte vor dem Teufel keine Angst und vor dem weißen Hirsch auch nicht. Auch er blieb erfolglos und dem Hirsch geschah kein Leid. Aber am nächsten Tag schwoll dem Bauer der Kopf, er wurde so rund wie ein Fass. Wenig später ist er an diesem Leiden gestorben.

Mit Gold belohnt der Teufel

Auch Teufel mögen ab und zu ein Vergnügen. Ob es nun ein teuflisches war, kann heute nicht mehr bewiesen werden. Auf alle Fälle fuhr er mit einem Wagen durch die Lewitz, auch bis Dütschow, dort brach die Deichsel. Ein Stellmacher kam zufällig des Weges und half dem Teufel. Er wollte ihm sein Vergnügen auch weiterhin gönnen und reparierte - ohne viel zu fragen - die Deichsel. Nach getaner Arbeit nahm der Teufel Holzspäne, die bei der Arbeit angefallen waren und schenkte sie dem Stellmacher. Er steckte ihm eine Handvoll in die Tasche.
„Das ist dein Lohn", sprach der Teufel und war schnell mit seinem Wagen verschwunden. Eigentlich hatte der Stellmacher auf einen ordentlichen Lohn gehofft, nun ging er gar zornig nach Hause. In seinem Ärger kramte er in seinen Taschen und warf dabei fast alle Holzspäne heraus. Nur einer war in der Tasche geblieben und am nächsten Morgen war der ganz zu Gold geworden. Eilig suchte der Stellmacher nach den restlichen Spänen, doch er fand keinen verlorenen wieder. Nun ärgerte er sich noch mehr, aber am meisten wohl über sich selbst.

Geldfeuer auf der Koppel

Geldfeuer leuchten immer dort, wo Leute Geld fanden. Auch in der Nachtkoppel bei Dütschow brannte es. Selbst am Tage konnte man dieses Feuer bei ganz bestimmtem Wetter sehen. Die Leute sagten dann, das Goldgeld dampft ab.

Die schwarze Sau

Auch in Dütschow gingen die Kinder gemeinsam zur Schule. Gelegentlich trafen sie auf dem Schulweg eine schwarze Sau, gefolgt von elf Ferkeln. Dann trauten sie sich nicht mehr weiter, kehrten um und gingen wieder nach Hause. Besonders oft trafen sie die schwarze Sau dort, wo der Sandgraben die Dorfstraße kreuzte. Aber auch einen schwarzen Ziegenbock sah man dort nachts umhergeistern. Am Spornitzer Weg, dort wo die Brücke ist, wurde die schwarze Sau von einem Erwachsenen beobachtet. Auch er kehrt sofort um und sah noch wie die Sau, gefolgt von elf Ferkeln, in die andere Richtung davonlief.

Geldfeuer

Ein reicher Herr lebte vor langen Zeiten in Dütschow. Als ein Krieg kam suchten ihn Soldaten auf und wollten sein Geld, das sie trotz aller Sucherei nicht fanden. So nahmen sie sich den Reichen vor und bedrängten ihn, bis er das Versteck verriet. In die Elde habe er es geworfen, war seine Antwort. Da gingen sie gemeinsam mit ihm dahin, wo er es angeblich versteckt hatte. Die Söldner fanden nichts und warfen ihn wütend ins Wasser, in dem er ertrank. Er hatte gelogen, denn sein Geld hatte er auf dem Heidberg, dicht am Brenzer Kanal, vergraben. Wenn man Glück hat, kann man noch heute an dieser Stelle ein Geldfeuer brennen sehen.
Ein Alter aus Dütschow ahnte wohl etwas und ging dort immer zum Angeln. Gefunden hat er aber nichts, obwohl er oft dort suchte. Einmal sah er sogar etwas Schwarzes auf dem Heidberg umhertoben und es soll ein Höllenlärm gewesen sein. Dann plumpste es laut und danach war wieder Ruhe auf dem Heidberg. Das haben später noch mehr Leute beobachtet.

Der schwarze Hund

Etwas außerhalb des Dorfes hatte ein Mann ein eingezäuntes Stück Land. Über Nacht wurden dort meistens Schafe eingepfercht. Als er eines Abends seinen Kontrollgang machte, sah er aus einer Kuhle am Wegesrand Rauch aufsteigen; an der Böschung brannte es. Er ging näher und bekämpfte die Flammen mit seiner Brottasche, bis es nur noch qualmte. Nun sah er mitten im Rauch einen schwarzen Hund sitzen. Der schaute ihn an und sagte: lass das sein, mit einer Tasche die Flammen auszuschlagen.
Was gibst du mir dafür? Der Hund sagte nichts, aber vor die Füße des Mannes rollten einige Goldstücke. Wo es einige gibt wird es noch viele geben, dachte er und wartete einfach ab. Mit einem großen Topf voller Gold ging er dann zufrieden nach Hause.

Draak fest gebunden

Die Dütschower hatten schon einige Male beobachtet, wie ein Draak zu einer Frau kam und dort Käsbutter ablieferte. Aber diesmal wollten sie ihn fangen. Wieder kam der Draak mit seiner schweren Ladung und die Dütschower banden ihn am Brunnen gleich neben der Schule fest, ganz fest – damit er auch ja nicht wieder loskam. Nur die Schulkinder gingen in den nächsten Tagen hin, stippten mit den Fingern in die Käsbutter und lutschten sie ab. Drei Tage ging es so und der Draak war schon sehr geschwächt. Dann kam die Frau, für die jene Käsbutter bestimmt war, zum Draak. Sie bedauerte und streichelte ihn. Zuletzt hat sie ihn auch losgebunden; seitdem wurde er nie wieder gesehen.

Tagelöhner trifft Frau Waur

In Dütschow war einmal spät abends ein Tagelöhner in den nahen Wald gegangen. Ganz heimlich wollte er etwas Holz für seine frierende Familie holen. Das war Diebstahl und für Holzdiebstahl gab es harte Strafen, aber die Not war groß. Vorsichtig sah er sich immer wieder um, da prasselte und raschelte es plötzlich.

Er erschrak gar heftig und zitternd sah er Frau Waur unweit vor sich stehen. Sie sah ihn nur ernst an, sagte aber nichts und setzte sich auf einen Baumstamm. Von dort deutete sie ihm, weiter Holz zu sammeln. Als er fertig war, sah Frau Waur ihn noch einmal finster an, stampfte mit dem Stock auf den Waldboden und flog von dannen. Sie hatte die ganze Zeit nicht gesprochen - und der Mann ging eilig mit seiner Beute heim.

Letzte Ähren

Die letzten Ähren am Feldrain bleiben für den Draak oder -je nach Region- für die Getreidemuhme stehen.

Auch in Dütschow war es einst üblich, Ähren und Getreidehalme die während der Ernte stehen geblieben waren, dem Draak zu überlassen. Die Alten sagten dann immer: „Das Korn auf dem Ackerrain soll für den Draak stehen bleiben und dabei soll es auch bleiben.“

In anderen Regionen waren diese letzten Ähren für die Getreidemuhme bestimmt.

Rosmariensteig

Der Mariensteig wurde in Dütschow auch als Rosmariensteig bezeichnet. Wenn man auf diesem entlang lief, konnte einem Frau Waur nichts anhaben. Ein alter Mann, der auf dem Steig von Dütschow kam, hörte etwas in der Luft rauschen und schaute nach oben. Da hörte er es rufen: „Geh auf den Mariensteig!“ Er ging zuletzt zwischen den Abdrücken von Pferdespuren weiter, da war alles wieder ruhig.

Hilfe für Frau Waur*

Einst soll der Bauer Gildhoff von Dütschow aus nach Spornitz gegangen sein. Da sei ihm Frau Waur in den Weg getreten und hat zu ihm gesagt, dass er ihr die Runge von ihrem Wagen zuschneiden soll. Als er damit fertig war riet sie ihm, die Holzspäne in seine Tasche zu stecken. Aber er soll sich nicht umschauen, wenn er jetzt weiter geht. Fast in Spornitz angekommen sah er sich trotz Warnung um und erschrak. Die ganze Wiesendrift auf der Flurgrenze war ein Feuerschein. Da eilte er nun schleunigst nach Hause. Es dauert auch nicht lange, da stand Frau Waur vor dem Fenster seines Hauses und fragte: „Ist Gildhoff zu Hause?“ Nein, kam als Antwort aus dem Haus; sie erwiderte, er ist da drinnen. Da rief sie nach Ducks, dem Hund des Bauern und sagte, er hängt vor der kleinen und großen Tür. Am nächsten Morgen schauen die Bauersleute gleich nach den Türen und da hingen die Därme des Hundes. So wäre es dem Bauern auch ergangen, wenn er vor die Tür getreten wäre.
*Diese Sage wird in verschiedenen Varianten und auch in mehreren Dörfern der Region erzählt.

Klößchen und getrocknete Birnen

Klößchen und getrocknete Birnen (Klümp und Backbeern) war in alten Zeiten ein Gericht, das oft auf dem Mittagstisch stand. Bei einer Bauersfrau sogar sehr oft. Der Hütejunge hatte die Pferde von der Weide geholt und war auf dem Hof angekommen. Er glaubt nicht was er sah, aus der Luke der großen Diele schaute ein blanker Kopf heraus. Nur wenige Augenblicke später kam die Bauersfrau heraus und stellte einen großen Kessel unter diese Luke. Im Nu begann das Kleckern und nur wenige Augenblicke später war der Kessel randvoll gefüllt. Der Teufel konnte dem Jungen nichts antun, denn der war ja nur rein zufällig hier. Der Hütejunge hat dann alles seinem Knecht erzählt. Der glaubte ihm nicht, aber er legte sich trotzdem auf die Lauer. Plötzlich hört er eine Stimme: „Zwei Augen sehen zu, soll ich eines ausbeißen?“ Die Frau verneinte, denn sie wusste nicht, dass der Knecht auf der Lauer lag. Seitdem haben sie nie mehr Klößchen mit getrockneten Birnen gegessen.

Diese Sage wird aber auch in folgender abgewandelter Form erzählt:

Der Knecht sieht, wie die Bauersfrau für alle Esser Teller auf den Tisch stellt. Die sind nach kurzer Zeit gefüllt, obwohl die Bäuerin gar nicht gekocht hatte. Nun wurde er richtig neugierig. Er versteckte sich am nächsten Tag im Haus, um den Vorgang ganz genau zu beobachten. Da kam ein Draak und füllte die Teller. Der Knecht hatte nun das komische Gefühl, mit der Bäuerin nicht allein im Zimmer zu sein. Da fragte plötzlich eine Stimme die Bäuerin: „Zwei Augen sehen zu, soll ich sie auspusten?“ Die Bäuerin verstand die Frage nicht und dachte, der anwesende Hund sei gemeint. Deshalb antwortete sie: „Nein!“ So kam der Knecht ohne Schaden und vor allem mit zwei gesunden Augen davon. Er hat bei dieser Bäuerin nie mehr Mittag gegessen.

Goldener Wagen*

Frau Waur fuhr mit ihrem goldenen Wagen durchs Land, als ihr dabei ein kleines Missgeschick passierte. Aber sie traf einen bereitwilligen Landmann, der die Kutsche wieder flott machte. Als Lohn bekam er die angefallenen Holzspäne und auch ganz deutliche Worte für den Heimweg: „Dreh dich nicht um bevor du dein Haus betrittst, sonst zerreißt dich einer meiner Hunde, ehe du dich versiehst.“ Er tat was sie befohlen hatte: drehte sich nicht um, sah sich die Hobelspäne nicht an und warf sie auch nicht weg. Im Haus schaute er vorsichtig nach, alle Hobelspäne waren zu purem Gold geworden.

*Diese Sage wird in abgewandelter Form auch in Spornitz, Dütschow und Klinken erzählt; aber nur hier niedergeschrieben.

Selbstgetan

Frau Waur sah auf ihrem Zug durch die Lüfte auf einem Bauernhof frischen Mist liegen. Da zog sie mit ihrem gesamten Treck längs durch das Haus und ließ einen Hund für ein Jahr zurück. Wie ein Stein lag dieser nun das ganze Jahr auf der Feuerstelle des Hauses. Man konnte tun und lassen was man wollte, er war nicht von der Stelle zu bewegen. Besonders ärgerlich war dies für das Dienstmädchen, die für alle kochen musste. Eines Tages fragte der Hund das Dienstmädchen nach ihren Namen. „Selbstgetan“, gab sie zur Antwort. Immer, wenn sie etwas kochte oder die Suppe abschäumte, goss sie das heiße Kochwasser in die Augen des Hundes. Das Jahr verging und Frau Waur kam wieder zurück in das Bauernhaus. Die erste Frage galt ihrem Hund: „Hat dir jemand etwas zu leide getan?“ Der Hund jaulte kläglich und meinte „Ja“. Frau Waur wollte nun wissen: „Wer denn?“ „Selbstgetan“, war natürlich die Antwort. „Selbstgetan ist wohl getan“, sagte Frau Waur und war zufrieden. Sie hatte die Hinterlist des Dienstmädchens nicht erfasst, sonst wäre es ihr sehr schlecht ergangen.

Friedrichsmoor

Namensgebung

Dazu wird für Friedrichsmoor folgende Begebenheit erzählt:
Herzog Friedrich Wilhelm I (1675 – 1713), ein begeisterter Jäger, hatte bei seinen Streifzügen durch Wald und Flur erfahren, dass da im dichten Wald ein Köhler lebte und arbeitete. Er begab sich also eines Tages während eines Ausrittes zu der besagten Stelle und fand den Köhler. Aber der Köhler lag schlafend in einer großen hohlen und wohl auch uralten Eiche. Dem Herzog Friedrich war nicht bange und er weckte den Köhler aus seinem verdienten Schlaf. Auf die Frage wie er denn heiße, antwortete der noch etwas schlaftrunken: Friedrich. Herzog Friedrich lachte und meinte dann zum Köhler: „Wenn du wie ich auch Friedrich heißt und hier im Moor wohnst, so soll dieser Flecken von nun an Friedrichsmoor heißen.“ Gesagt, getan - die Untertanen setzten es um. Hier, mitten in der Lewitz, ließ daraufhin Herzog Friedrich anno 1705 sein Jagdschloss bauen. Im Jagdschloss befindet sich seit einigen Jahren kostbare französische Stofftapete aus dem Jahr 1815. Friedrichsmoor ist noch immer der einzige Ort in der sehr reizvollen Kulturlandschaft Lewitz.

Viele Ortsnamen und ihre Entstehung sind mit einer Sage belegt und nähren die Erinnerung.

Jagdschloss Friedrichsmoor, mitten in der Lewitz gelegen.

Die Wundereiche

Dieser Wundereiche wurde ein fast 1 000-jähriges Leben bescheinigt. Ein Sturm hat diesen Baum im Jahre 1925 zu Fall gebracht.
Warum Wundereiche? Diese besondere Eiche war ein Krupbaum (Kriechbaum). Durch Verwachsungen der Zweige und des Stammes bildete sich ein Loch, durch das man hindurchkriechen konnte. Im althergebrachten Volksglauben war man der Meinung, dass ein solcher Baum mit Wunderkräften ausgestattet sei. Durch das Hindurchkriechen, aber mindestens dreimal hintereinander, gingen die heilenden Wunderkräfte auf Menschen über.

Butterbrot für den Großherzog

Die Herren gingen auch schon früher gern zur Jagd. So auch Großherzog Friedrich Franz II., auch der Bärtige oder der mit dem Bart genannt. Eine gute Jagd hatte man in der Lewitz und die machte auch hungrig. Der Großherzog kehrte dann gern bei der alten `Schultenmudder` ein. Besonders ihr Butterbrot hatte es ihm angetan, es schmeckte immer so gut. Wieder einmal eingekehrt bei ihr fragte er sie im Beisein seiner Leute:

Die Wundereiche in Friedrichsmoor.
Foto: Archiv Landesforst MV, Forstamt Friedrichsmoor

„Schultenmutter, sag mal, wie kommt das, bei dir schmeckt mir das Essen viel besser als bei mir im Schloss?“
„Das kommt wohl von der Jagd“, meinte sie. „Nein“, entgegnete der Großherzog, „das kommt vom Schmieren. Du kannst besser Schmieren. Wenn du geschmiert hast, sieht die Butterseite immer so glatt und glitschig aus. Wie machst du das?“
„Nein“, erwiderte die Schultenmutter, „das kann ich nicht sagen.“
„Sag das mal“, ermunterte der Großherzog, „ich will meinem Koch das auch lernen.“
„Also, ich schmiere das Brot erst zurecht“, antwortete die Schultenmutter, „und dann lecke ich die ganze Schnitte noch einmal über. So habe ich zuerst den Geschmack davon und danach Sie auch.“
Der Großherzog war sprachlos. Er hatte genug von den Kochkünsten der Schultenmutter. Er kehrte bei ihr nicht mehr ein.

Und ich bin der Schah von Persien

In Gesellschaft des deutschen Kaisers und des russischen Zaren ging einst der Großherzog von Mecklenburg in der Umgebung von Friedrichsmoor in freier Natur spazieren. Ein Bauer fuhr mit seinem Gespann den gleichen Weg entlang und der Großherzog hielt diesen ohne lange Vorrede an. Während er eines der Pferde liebevoll streichelte forderte er den Bauern auf, alle drei Herrschaften ein Stück des Weges mitzunehmen.
Mit Verlaub, so erwiderte der erstaunte Bauer über das Ansinnen der Herren, dass die Pferde sein Eigen seien. Aber wer sei er?
„Ich bin der Großherzog, aber dies solltest Du doch eigentlich wissen!“
Das ist ein gutes Geschäft, sagte der schlaue Bauer zum Großherzog und meinte er wolle es wohl glauben und wolle es so nehmen, wie es gesagt wurde.
Langsam drehte er sich weiter um und zeigte mit der Peitsche auf einen der zwei Wanderer und fragte, wer ist er?
„Der Kaiser“, war die Antwort vom Großherzog.
Und der da, fragte der Bauer wieder und zeigte nun mit der Peitsche auf den Dritten.
„Das ist der Zar und das kannst Du mir ebenfalls glauben“, meinte der Großherzog ganz ernst.
Der Bauer brubbelte in seinen Bart: „Ein Teufel neben dem anderen“, und antwortete lachend, „und ich bin der Schah von Persien und nun steigt man alle drei zu mir auf den Wagen, ich nehme Euch ein Stück des Weges mit.“

Der tote Franzose

Hier, im Jagdschloss, soll es passiert sein. Die Französischen Heere zogen durch das Mecklenburger Land und zeigten nicht immer ein anständiges Benehmen. Einer der Soldaten hatte eine Küchenmagd zu seinem Willen gezwungen und danach einfach beiseite gestoßen. Die Knechte hatten diesen Vorgang bemerkt und schnappten sich den Franzosen. Sie marschierten mit ihm in den Park beim Forstamt und hängten ihn an eine alte Eiche. Aber wohin nun mit dem Toten? Sie buddelten in der Küche des Jagdschlosses ein Loch und verscharrten den toten

Franzosen darin. Keiner sollte jemals eine Spur finden - und es sollte wie eine Flucht des Franzosen aussehen. Doch der Gehängte konnte keine Ruhe finden und spukte umher. Wann immer in der Küche oder im Garten des Jagdschlosses etwas vermisst wurde, man sagte: das war der Franzose.
Der Franzose schließt auch Türen von innen zu, wie die zur alten Küche und sperrt die Leute aus. Auch dann heißt es: der Franzose war's. Es soll auch derzeit geschehen sein, dass Besucher aus dem Tapetenzimmer in den Garten traten und sich hinter ihnen die Tür schloss. Es wurde geklopft und gerufen, aber die Gäste im Zimmer konnten nicht öffnen weil kein Schlüssel im Schloss steckte. Der Hausherr brachte den Schlüssel, musste ihn aber zum Öffnen der Tür einer fremden Person übergeben und damit seine `Unschuld` belegen. Die Tür wurde nun von innen aufgeschlossen und alle Beteiligten beschuldigten sich gegenseitig. Nur Eingeweihte wissen es genau: das war der Franzose!

Garwitz

Der Teufel pflügte

Die Elde im Gebiet der Lewitz, die hat der Teufel mit seiner Großmutter gepflügt. Er hat immer Haken und Buchten in den Lauf der Elde gepflügt, damit die Schiffer mit ihren Kähnen langsam fahren mussten und er sie einfacher wegfangen konnte.

Die Pflugschare hat er aber an einer anderen Stelle in der Lewitz sauber gemacht; dadurch sind die drei Berge in dieser Region entstanden.

Die Zwölften

In den Zwölften, das sind die Tage und Nächte zwischen Heiligabend und Hochneujahr (6. Januar), darf man auch in Garwitz keine Wäsche ins Freie hängen. Sonst wurde sie von Frau Waur bekleckert. Frau Waur nahm auch Knochen und steckte sie in dieser Zeit in die Wäsche. Benutzen die Leute diese Wäsche später, da wurden sie krank und starben bald darauf.

Hexenabwehr

Man sollte mindestens dreimal kräftig ausspucken, wenn man sein Vieh treibt und dabei einer Hexe begegnet. Sagen sollte man auch noch: „Leck mich am Arsch“ - dann tut einem die Hexe bestimmt nichts.

Eiersingen*

Einen Pfingstbrauch der besonderen Art pflegte die Gemeinde Garwitz seit dem 15. Jahrhundert. Am Sonnabend vor dem Pfingstfest begann um Mitternacht der Rundgang der Eiersänger durch den Ort. Singend und tanzend ging es von Haus zu Haus, um gegen einen Schluck aus der Flasche und natürlich auch gute Pfingstwünsche Eier und auch Speck zu erheischen. Insbesondere Ältere wollten aber um diese Stunde keine Störung ihres wohlverdienten Schlafes und hängten ihre Gabe einfach an das Gartentor. Auch gut, dachten die Eiersinger – und hatten den Schluck Branntwein für sich gespart.
Am Ende der Tour wurden die gesammelten Eier mit Speck gebraten und verspeist. Wer am meisten wegputzte wurde zum „König“ proklamiert.
**In Blievenstorf wird dieser Brauch auch heute noch zelebriert, allerdings am Abend vor dem Ostersonntag.*

Lied der Garwitzer Eiersänger

Frau Mudder, Frau Mudder, makt updei Dör,
dor stahn drei junge Gesellen dorför.
Sei woll'n danzen mit Ihrer Frau Jung,
dreimal um den Fürherd rümm.
Gauden Dach in juch Hus,
juch Däl is so krus,
juch Schapstall is so holl und so boll.
Weit ji ock, wat hüt is – hüt is dat pingsten.
Weit ji ock, wat perknechts kriegeb?
Eier und Speck, Mähl und Fett und een Buddel Bier –

Al's wat ji uns gäben will't.
Gäben ji uns kein achtein Eier,
sall uns Hahn juch Heuner nich träden.
Achtein Eier in unsere Kiep,
ji waden selig und wie waden rieg.
So latt uns nich so lang stah'n,
denn wi will noch wire gah'n.

Die Axt

Auch Pflügen soll man, selbst wenn die Zeit noch so sehr drängt, nur zu „christlichen Zeiten". Ein Knecht aus Garwitz befolgte dies nicht und pflügte auch noch in der Dämmerung weiter. Genau zu dieser Stunde kam Frau Waur an dieser Stelle mit ihrem Gefolge vorbei geritten. Sie hieb dem Knecht eine Axt in die Schulter und verschwand ebenso wortlos, wie sie angekommen war. Keiner konnte dem Knecht helfen. Die Axt saß so fest in der Schulter, dass sie sich nicht herausziehen ließ.

Obertor der Schleuse in Garwitz, Baujahr 1894. 2000/2001 ausgebaut und als technisches Denkmal im Ort aufgestellt.

Nach genau einem Jahr, just zur gleichen Stunde, ging der Knecht an die Stelle des Ackers zurück - doch diesmal ohne Gespann und Pflug.
Er hatte Glück, Frau Waur kam auch diesmal vorbei und zog wortlos die Axt aus der Schulter. Keine Wunde oder Narbe war zu sehen. Aber seit dieser Zeit hat der Knecht nie mehr gepflügt – das war ihm eine Lehre.

Gottesurteil

Es ist schon sehr lange her, als eine junge Frau aus einem der umliegenden Dörfern des Mordes am eigenen Kind beschuldigt wurde. Das Gericht tagte und obwohl sie immer wieder ihre Unschuld beteuerte, wurde sie wegen Kindesmord zum Tode verurteilt. Es kam also der Tag, an der sie zur Richtstätte geführt wurde und der Henker seines Amtes walten sollte. Ihre letzten Worte, die sie Gericht und der umstehenden Menge zurief, waren: „So gewiss ich unschuldig sterbe, so gewiss wird an dieser Stelle ein Rosenbusch wachsen". Der Henker tat seine Pflicht und die junge Frau wurde zum Tode befördert.
Nur kurze Zeit soll vergangen sein, da stand an der Stelle der Hinrichtung ein Rosenstock - in voller Blüte.

Die verzauberten Frauen

Zwischen Garwitz und Matzlow hatte eines Nachts ein Schiffer seinen Kahn zur Ruhe angelegt. Die Mitternachtsstunde war gerade angebrochen, als es an seiner Kajütentür klopfte. Er öffnete und vor ihm standen zwei Frauen. Sie baten ihn inständig um Hilfe und erzählten ihm ihre Geschichte. Landeinwärts, nur wenige hundert Meter vom Liegeplatz entfernt, würde es einen Berg mit einer Steinumfassung geben. Durch diese Mauer hindurch führe auch ein großes Tor, das von zwei wilden bissigen Hunden bewacht werde. Ganz oben auf dem Berg sieht man deutlich das Leuchten eines Feuers. Ein Riese würde dieses Feuer bewachen und stets die Flammen erhalten. Der Schiffer solle nun – Bitte – beide Frauen hinauftragen. Er brauche keine Angst vor den Hunden und vor den Wächtern zu haben. Oben angekommen, solle er die beiden Frauen einfach auf das Feuer werfen, das wäre das Ende des Zaubers und sie wären frei. Ein großer Schatz aus dem Berg wäre die

Belohnung für diese gute Tat. Der Schiffer tat es, wie ihm die Bitte vorgetragen wurde. Er nahm beide Frauen auf seine Schultern und stiefelte los. Bis zum Berg ging alles gut und er kam ohne Probleme durch das Tor. Aber dann merkte er, wie seine Kräfte zu Ende gingen. Noch war das Feuer nicht erreicht, da stürzte er zu Boden und die Frauen fielen von seinen Schultern. Als er niederfiel ertönte ein gewaltiger Donnerschlag und der Schiffer wurde bewusstlos. Es dauerte seine Zeit, bis er wieder erwachte und alles sah verändert aus. Die Chance, den Zauber zu lösen, war vertan. Wenn einst auf dem Berge eine riesengroße Eiche gewachsen ist, wird sie gefällt und zu Brettern verarbeitet. Daraus muss eine Wiege gebaut werden, in der ein Knabe groß wird. Wenn dieser Knabe groß und kräftig genug ist kann er die beiden Frauen erlösen. Erst dann gibt es vielleicht eine neue Chance…

Der Hühnerberg

Der Hühnerberg, oft auch als Kuhschellenberg bezeichnet, ist eine Sanddüne an der Elde, gleich neben dem Dorf Garwitz. Im Dreißigjährigen Krieg hatte dieses Dorf arg unter den Wirren des Krieges zu leiden. Ein kleiner Trupp von Söldnern kam eines Tages ins Dorf und forderte in barschem Ton die Herausgabe der Glocken. Beide Glocken sollten sofort nach Neustadt zum Einschmelzen gebracht werden, Kanonenkugeln wurden dringend benötigt. Die Kriegsbeute wurde gemacht, da half kein Weh und Ach. Die Glocken wurden abgehangen, und sollten auf kürzestem Wege nach Neustadt gefahren werden. So befahl es der Hauptmann der Truppe. Es war ein kalter Winter und die Elde trug schon lange eine dicke Eisschicht. Die schweren Glocken wurden auf ein Pferdefuhrwerk gehoben und los ging es. Unterhalb des Dorfes musste man die Elde überqueren. Sechs Pferde waren angespannt, die mit viel Mühe dampfend um den Hühnerberg herum fuhren und sich langsam der zugefrorenen Elde näherten. Mitten auf der Elde brach das Eis plötzlich und es barst auseinander. Der Riss war so groß, dass der Wagen samt Glocken und Pferden darin versank. Noch heute liegen die Glocken auf dem Grund der Elde und zur Erinnerung daran wachsen seit dieser Zeit Kuhschellen auf diesem Berg. Wenn ein Sonntagskind hier ganz leise verweilt und der Klang der Kirchenglocken herüberweht, dann hört es einen leisen, fast wimmernden Ton, der aus der Elde kommt. Das ist die Antwort der versunkenen Glocken….

Kuh- oder Küchenschellen auf natürlichem Standort

Die Kirchenglocken I

Es ist unwahrscheinlich lange her, da wurden die Glocken der Kirche zu Garwitz auf dem Hühnerberg vergraben. Es war eine harte Arbeit, denn die Glocken waren sehr schwer. Durch ihr Gewicht sanken sie im Laufe der Zeit immer tiefer ins Erdreich, denn dort ist sehr sandiger Boden. Sie sanken so tief, so dass selbst ältere Einwohner nicht mehr wussten, wo genau die Glocken liegen. Sie konnten bis heute nicht gefunden werden. Am Johannistag, wenn der Sommertag am längsten ist, kann man die Glocken um Mitternacht läuten hören. Man muss ganz still sein und kann auch ein Ohr auf den Erdboden legen. Um den Menschen zu zeigen, dass die Glocken immer noch hier in der Erde liegen, wachsen hier Kuh- oder Küchenschellen – so wird es erzählt. Die Blütenform erinnert an die Form von Glocken.

Diese Sage in einer anderen Version:

Die Kirchenglocken II

Es gibt Sachen, die mag man gar nicht glauben. So erging es einst auch den Garwitzern.
Nachts, ohne ersichtlichen Grund, läuteten plötzlich die Glocken. Es war zwar deutlich zu hören, aber nicht so laut wie sonst. Es glich mehr einem sanften Berühren oder Streicheln der Glocken. Ja, so etwa war es. Es dauerte auch nie sehr lange, aber dennoch sprach man bald im ganzen Dorf davon. Einige Neugierige und auch Interessierte trafen sich nun nachts vor dem Gotteshaus, aber es blieb in dieser Nacht still. Nach einigen Tagen waren die Klänge wieder zu hören. Wie ein Lauffeuer breitete sich diese Nachricht aus und in der folgenden Nacht waren wieder zahlreiche Menschen vor Ort und sie brauchten nicht lange darauf zu warten. Nun brodelte die Gerüchteküche und Spekulationen machten die Runde. Man sprach hinter der Hand von einem 7. Buch Moses und von einem Späukenkieker, den man wohl ohne sein Buch beerdigt hatte und über manch anderes. Aber das nächtliche Läuten war ohne Aufklärung verstummt. Einer behauptete später, dass es ein liebestolles Marderpaar ausgelöst hatte, die er im Turm gesehen hätte. Doch das wollte nun keiner glauben.

Wolfsangriff

Um 1800 galt der Wolf in ganz Mecklenburg als ausgerottet und die Plage hatte ein Ende. Es war aber trotzdem so, dass noch einzelne Tiere durch die Gegend streiften und sehr aggressiv auftraten. Aus dem Jahre 1803/1804 ist folgende Geschichte vom Kuhhirten Niemann überliefert:
Es war ein bitterkalter Winter mit viel Schnee, so wie es in alten Erzählungen beschrieben wird. Der Kuhhirt verdiente sich durch seine Arbeit etwas Döschelkorn (Abfallkorn vom Ausdreschen mit dem Dreschflegel), aber das reichte nicht für sieben Mäuler, die immer Hunger hatten. Deshalb zog er oft noch spät abends mit seinem Schlitten ins Holz und sammelte Birkenreisig. Als er nun wieder mit Beil und Schlitten kurz hinter dem Dorf unterwegs war, sah er im hellen Mondschein zwei große Wölfe im Schnee auf sich zukommen. Er griff sein Beil und rannte so schnell er konnte zu den Wiesen, die mit blankem Eis überzo-

gen waren. Da trauten sich nicht einmal die Hunde drauf und das glaubte er nun auch von den Wölfen. Aber das war ein Irrtum, denn im Abstand von etwa 20 Schritten gingen sie gerade auf ihn zu. Der gottesfürchtige Mann hielt sein Beil fest in der Hand und dachte an Frau und Kinder. Der erste Wolf kam ihm so nahe, dass ein beherzter kräftiger Hieb ihn tödlich traf. Das glückte ihm auch bei dem zweiten Wolf, der reglos auf dem Eis landete. Für die Felle bekam er in Parchim gutes Geld. Sie brachten mehr Geld in die leere Kasse als eine ganze Fuhre Besen.

Das untergegangene Schloss

Das ‚Gildemoor', heute Gillsmoor genannt, lag am Wege von Garwitz nach Damerow. Hier soll einst ein großes Schloss gestanden haben. Der Besitzer war weithin bekannt als ein wilder und ungewöhnlich strenger Mann. Er schlug seine Knechte bei den kleinsten Vergehen. An einem Karfreitag ordnete er an, dass sie die Äcker pflügen. Die Knechte verweigerten an diesem Feiertag die Arbeit, da ließ er sie mit Peitschenhieben und bissigen Hunden zur Arbeit treiben. Da kam ein stattlicher Mann vorbei und sagte zum Schlossherrn, er solle das Pflügen verbieten. Da hetzte er die Hunde auch auf ihn. Da gab es einen gewaltigen Donnerschlag, der die Gegend rund um das Schloss erzittern ließ. Herr und Knechte waren plötzlich verschwunden und das Schloss versank. Seit diesem Ereignis gibt es dort ein Moor. Nur alle einhundert Jahre kommt das Schloss an die Oberfläche. Es kann nur erlöst werden, wenn jemand dem am Tor Wache haltenden Hund den Kopf abschlägt. Erst dann bleibt es für immer stehen.

Die abgehauene Hand

Vor langer Zeit hatte ein Mädchen aus dem Dorf seine Eltern so sehr misshandelt, dass die Mutter an den Folgen starb. Doch bald nach deren Tod starb auch die böse Tochter. Sie lag nur wenige Tage unter der Erde, als die Hand der Frevlerin aus dem Grab ragte. Die entsetzten Leute vertrieben die Hand mit Peitschenhieben und sie zog sich unter die Erde zurück. Als die Hand aber immer wieder heraus kam, trennten beherzte Leute sie ab und bewahrten sie zur Abschreckung in der Kirche hinter dem Altar auf. Das Fleisch vertrocknete am Knochen und wurde im Laufe der Zeit schwarz. Seitdem sprach man nur noch von der schwarzen Hand. Sehr lange wurde diese Totenhand in der Garwitzer Kirche aufbewahrt; um 1970 verschwand sie auf bisher ungeklärte Weise.

Der Feuerbesprecher

Als in Garwitz die Schleuse gebaut wurde (1894) hat es im Dorf einen Großbrand gegeben. Die Windverhältnisse waren in diesen Stunden sehr ungünstig und alle sahen voller Schreck, dass sich der Brand auf weitere Häuser ausbreiten könnte. Ein Mann namens Berg wusste wohl, wie man mit solch einem Brand umzugehen hatte. Er forderte ein Pferd für sich und ritt damit schnurstracks zum Dorfteich, den man damals einfach ‚Paul‘ nannte. Er ritt genau bis in die Mitte des Teiches und murmelte dabei einen Satz, dessen Worte keiner hören konnte. Aber was war das - der Winde legte sich und die weitere Ausbreitung des Feuers war gestoppt. Und was tat Schachtmeister Berg? Er ritt zu seiner Arbeit an der Schleuse zurück.
Wenn Brandbekämpfung doch immer so einfach wäre.

Goldenstädt

Wie der Ort zu seinem Namen kam

Das heutige Gewerbegebiet liegt nahe der Autobahn auf einer kleinen Anhöhe, die schon in den Überlieferungen Berg genannt wurde. Der Ort liegt unmittelbar daneben, das war aber nicht immer so. Einst soll er viel weiter in der Lewitz gelegen haben und war ein Ort der Wenden – so wird es berichtet. Er hatte auch einen anderen Namen. Damals war alles feucht und nass. Wenn man sich die Lewitz noch Seen- und Wasserreicher als heute vorstellt, ist das nachvollziehbar. Es muss wohl sehr ungemütlich gewesen sein. Die Bewohner beschlossen deshalb sich in der Nähe des Berges, auch Goldberg genannt, ein neues Dorf aufzubauen. Im Berg waren Gold und Silber versteckt, vielleicht liegt noch heute alles dort. Auf alle Fälle gefiel den Leuten die neue Umgebung sehr und sie nannten ihr neues Dorf Goldenstädt. Eine Stadt ist Goldenstädt nie geworden, aber vielleicht ist die Namensgebung auch auf „Goldene Stätte“ zurückzuführen.

Das siebte Buch Moses

Ein Bauer, der in Goldenstädt wohnte, hatte das siebte Buch Moses in seinem Besitz. Dies lag, wie jeder im Dorf wusste, in seiner Tischlade immer griffbereit. Er arbeitete gerade auf dem Feld, als ein paar kecke junge Burschen vom Dorf sich einen Jux machten. Sie schlichen ins Haus des Bauern und lasen im siebten Buch Moses. Da erschienen im Zimmer ganz plötzlich lauter Kerle in roten Jacken. Die jungen Burschen hatten keine Ahnung, erschraken sehr und nahmen dann ganz schnell reißaus. Auf dem Felde merkte der Bauer, dass irgendetwas in seinem Haus nicht stimmte. Er dachte: „Ich muss nach Hause.“ Dort angekommen sah er, wie Kerle in roten Jacken in seinem Zimmer umherliefen. Er las sie schnell wieder in das siebte Buch Moses zurück.

Die versunkenen Glocken

Der Ort hatte im Dreißigjährigen Krieg unter den Plünderungen der umherziehenden Soldaten mächtig zu leiden. Es gab nun bald nichts mehr Brauchbares zu stehlen. Nur die beiden Glocken hingen noch im Gestühl. Die Glocken wollten sich die Goldenstädter nicht auch noch stehlen lassen, also beschlossen sie diese zu vergraben. Erst lange nach Ende des Krieges erinnerte man sich an die Glocken und wollte sie wieder ausgraben. Doch vergebens, man fand sie nicht mehr. Auf dem Kösteracker hat man immer wieder gegraben, doch die Glocken blieben verschwunden. Man wusste zwar angeblich ganz genau die Stelle, wo sie vergraben wurden, aber offensichtlich waren sie versunken. 1681 bestellte man in Schwerin eine neue Glocke für die Goldenstädter Kirche.

Der schwarze Hund am Kreuzweg

Mein Vater kutschierte, wenn es Not tat, den Pastor in andere Dörfer. Vom Besuch aus einem Nachbardorf kamen sie erst spät abends in dunkler Nacht zurück. Auf dem Kreuzweg nach Tramm, in den sie gerade einbiegen wollten, blieben die Pferde unverhofft mit einem Ruck stehen. Sie tänzelten auf der Stelle, aber vorwärts wollten sie nicht mehr. Mein Vater nahm die Peitsche, doch auch sie half nicht. „Wart ab, lass die Pferde in Ruh", sagte der Pastor zu ihm. „Die Pferde können nicht dafür, sie gehen später von allein weiter." Still und auch sehr verwundert, blieb mein Vater auf dem Kutschbock sitzen. Nach einer Weile ruckten die inzwischen schweißnass geworden Pferde wieder an und im Galopp ging es ins Dorf.
„Hast wohl den schwarzen Hund nicht gesehen", fragte der Pastor meinen Vater. „Er saß vor den Pferden und die konnten nun wirklich nicht weitergehen." Der Vater wunderte sich. Einen schwarzen Hund hatte er nicht gesehen, aber der Pastor, der eine besondere Gabe besaß.

Frau Waur treckt

Mit ihren Hunden treckte Frau Waur immer durch Goldenstädt. Die Hunde fraßen dabei heimlich den Teig aus den Trögen, den die Bauern am Abend fürs Backen am nächsten Tag vorbereitet hatten. Frau Waur versprach den Leuten Entschädigung und ließ sie wissen: was am nächsten Morgen vor der Tür liegt, gehöre ihnen. Sie sollten es nur nicht übersehen und auch mitnehmen. Am anderen Morgen staunten die Leute nicht schlecht, da lag ein großer Haufen Pferdemist. Sie taten wie es Frau Waur geheißen hatte und die Überraschung ließ nicht lange auf sich warten: Aus jedem Pferdeapfel wurde ein Sack Roggen.

Der Totenwinkel

Die napoleonischen Kriege waren eine Zeit, in der das Grauen jeden Tag bei den Einwohnern der Lewitz Dörfer Einzug hielt. Besonders begehrt waren bei den französischen Plünderern die Pferde der Lewitz, sie waren schon damals bekannt. Die Bauern konnten sich nicht anders schützen und brachten ihre Tiere tief in die Lewitz. Nur zu den drin-

gendsten Arbeiten wurden sie geholt und dann gleich wieder zurück gebracht. Unter den Bauern der Dörfer war abgemacht: erfolgt ein Überfall auf ein Dorf läuten die Glocken. Damit konnten wenigsten die anderen Bauern ihr Hab und Gut, soweit es möglich war, in Sicherheit bringen.
Nun war Goldenstädt wieder von den französischen Plünderern heimgesucht worden. Sie zogen von Haus zu Haus und stahlen alles, was sie nur irgendwie brauchen konnten. In ihrer Gier hatte keiner von ihnen bemerkt, dass schon eine ganze Zeit die Kirchenglocke läutete. Die Bauern hatten sich zusammengefunden und nun standen sie sich auf der Dorfstraße gegenüber. Klammheimlich wollten sich die Franzosen aus dem Staube machen, aber da hatten sie sich verrechnet. Es setzte gar mächtige Hiebe. Sie flohen in wilder Hast den erstbesten Weg entlang. Und das war genau der verkehrte, er führte in die Lewitz Sümpfe. In der Mordhorst wurden die Franzosen erschlagen und dicht beim Moor versenkt. Diese Stelle heißt auch heute noch der Totenwinkel.

Der Spuk nahe Goldenstädt

Zwischen den beiden Orten Mirow und Goldenstädt soll es im Eichholz gespukt haben. Am späten Abend war da einer mit seinem Fahrrad unterwegs – er kam aus der Stadt. Dort arbeitete er in der Brauerei Gies und nüchtern war er keinesfalls. In seinem Zustand stürzte er hin und kam nicht wieder auf die Beine. Er rief um Hilfe und jammerte gar sehr. Ein Ahnungsloser kam vorbei und hörte ständig die Worte; „Lass mich hoch!“ Helfen wollte der nicht, aber er sah zu, dass er außer Reichweite kam. Diese Geschichte wurde bekannt und seit diesem Tag glaubt man, im Eichholz spukt es.

Göhren

Der Draak wird gefangen

Auch in Göhren zog der Draak. Hier besuchte er aber nicht etwa Jeden. Nein, nur die bekamen von ihm Besuch, die sich dem Teufel verschrieben hatten. Er warf ihnen Gold durch den Schornstein und machte sie damit reich. Den Beschenkten gefiel das natürlich, anderen wiederum nicht. Knechte kamen deshalb auf die Idee dem Draak und auch den reichen Bauern eine Abreibung zu verpassen. Bekannt war, dass der Draak nicht lange an einem Ort verweilen konnte. Er heizte sich dabei auf und er brauchte dann umgehend den kalten Fahrtwind zur Abkühlung seines Körpers. Eines Tages kam er wieder und flog in das Haus eines reichen Bauern. Die Knechte drehten geschwind das Speichenrad eines Fuhrwerkes auf dem Hof. Sie wussten, steckte man das Rad verkehrt herum auf die Nabe, war der Draak im Haus gefangen. So war es dann auch. Allein kam er aus dem Haus nicht heraus. Durch seine Körperwärme begann es aber bald zu dampfen. Jetzt drehten die Knechte das Rad wieder richtig herum. Der Draak entschwand und damit auch das Feuer. Seit dieser Begebenheit hat sich der Draak in Göhren nicht mehr blicken lassen.

Bei solchem Wetter waren der Draak und auch Frau Waur gern unterwegs

Der Riese vom Teufelsberg

Als das große Eis vor langer Zeit auch in unserer Heimat abtaute, da lebten hier noch Riesen. Und auch der Teufel kam nach oben und guckte keck nach, wie sich alles anließ. Unweit von Ruthenbeck war er aus der Hölle gestiegen und wollte nun den Bach in Richtung Elbe umleiten, damit das Feuer in seiner Hölle in Gang blieb. Dem Riesen in Bahlenhüschen, der auf dem Teufelsberg saß und sich von da aus die Welt besah, war dies aber gar nicht recht. Er wollte das umgeleitete Wasser nicht auf seinem Bohnenacker haben.

Da suchte er sich einen großen Feldstein, den größten der hier so rum lag und warf ihn über die Göhrenschen Tannen und über die Trammer Feldmark hinweg bis zu Teufels Hölle bei Ruthenbeck. Der Teufel war nicht böse darüber, sondern griff sich diesen großen Stein und baute daraus einen Backofen für seine Großmutter. Nun konnte sich die Großmutter Äpfel für ihren Nachtisch braten. Bis heute sieht man zur Herbstzeit diese Nebel über dem Backofen hochsteigen. Als der Riese dies einst sah, wurde er böse. Er nahm einen weiteren sehr großen Findling, band einen Reifen um ihn herum und warf ihn weit in die Trammer Feldmark. Dieser enorme Kraftaufwand brach dem Riesen das Herz. Der Stein polterte durch die Landschaft und der Teufel fegte aus Angst in seine Hölle zurück. Aber der Teufelsbach – und das können wir bis heute sehen - fließt weiter der Warnow zu. Er ist nicht mehr so breit wie einst und auch nicht mehr so Wasserreich.

Den großen Findling aber konnte man noch um 1930 in der Feldmark bei Tramm liegen sehen. Nun ist er weg – ob ihn wohl der Teufel geholt hat?

Göthen

Namensgebung

Der Name dieses Ortsteiles stammt aus dem Slawischen, -tor Chuten -, „Siedlung des Chuten". Bereits vor 1200 u.Z. als slawische Siedlung nachweisbar; danach bis 1400 u.Z. frühdeutsche Siedlung. Um 1400 wird Göthen Wüstung, alle Abgewanderten sind nachweislich nach Hagenow gezogen. Die weitere Nutzung dieses wüsten Fleckens wird

von zahlreichen wechselnden Besitzern bestimmt. Dazu gehören Herzöge, Ritter, mehrere Verwalter, Ämter, Schäfer, Erbpächter und Neubauern.
Die Siedlung Göthen gehört seit 1999 zu Klinken und damit heute zur Gemeinde ‚Lewitzrand'.

Das inzwischen umgebaute Geburtshaus von Ernst Schmidt steht noch heute in Göthen.
Ernst Schmidt hat sich viele Jahre mit der Geschichte von Göthen und Klinken beschäftigt.

Hasenhäge

Der Name ‚Hasenhäge' stammt von einer alten Forstbezeichnung und er wurde im 19. Jh. vom Banzkower Forstreservat übernommen. Der Hase im Wappen und auf der Flagge von Lübesse, steht für den Ortsteil Hasenhäge.

Hamburger Frachtweg

Fernhandelsbeziehungen lassen sich für unser Gebiet bereits ab dem 7. bis 8. Jh. nachweisen. Der Hamburger Frachtweg ist bis heute dafür ein Paradebeispiel. Von Hamburg kommend ging die Reise einst quer durch die Lewitzniederung, durch Sülte und Sülstorf, durch Hasenhäge, Banzkow, Sukow (hier gab es einen bedeutenden Münzfund aus längst vergangenen Zeiten) - dann Richtung Crivitz und weiter Richtung Stettin. Ein Abzweig führte nach Tramm, Klinken, Parchim und weiter bis Havelberg.

Jamel

In Jamel, ein Ortsteil von Banzkow, wurde im Jahre 2002 der Lewitzstein, Beginn eines Naturlehrpfades, gesetzt.

Die Schlacht

Es war anno 1730, als sich die Kriegsleute des Reichs mit denen des Herzogs Carl Leopold (1678–1747) unweit von Jamel bekämpften. Es soll, so wird beschrieben, eine sehr heftige Schlacht für damalige Verhältnisse gewesen sein.
Am 21. Juni 1730 zogen die mit drei- bis vierhundert Bauersleuten verstärkten herzoglichen Truppen gegen die Reichstruppen.
Der Herzog hatte den Bauern versprochen, bei einem Sieg für die bewirtschafteten Hufen das Erbpachtsystem einzuführen. Damit war er seiner Zeit weit voraus. Diese frohe Kunde hatte viele Bauern zu Kriegern werden lassen. Mit Sensen, Dreschflegeln und Harken war der Kampf aber aussichtslos, sie wurden in der Lewitz blutig geschlagen.
Der Herzog konnte sein Versprechen nicht einlösen.
Der herzogliche General Tilly wurde mit dem Rest seiner Truppen drei Jahre später in der Lewitz gefangen genommen.

Die Fluchtburg

Diese Fluchtburg, unweit von Jamel, Friedrichsmoor und der Gaartzer Brücke gelegen, war eine geschützte Stelle in entlegenem Gelände, in die sich die Bevölkerung der nahe gelegenen Dörfer bei kriegerischen Überfällen zurückziehen konnte. Sie soll wendischen Ursprungs sein und die erste Anlage dieser Art, die im Land Mecklenburg bekannt wurde. Diese Fluchtburg war aber kein bewohnter Herrensitz. Bei Ausgrabungen wurden keine Gegenstände einer Haushaltsführung oder sonstige Hinweise gefunden. Beachtenswert ist, dass die Lewitzer Wälle in einer Linie mit den Burgwällen Ilow (Neuburg/NWM), Dorf Mecklenburg, Dobin und Flessenow am Schweriner See und Schwerin liegen. Es wird vermutet, dass die Wälle Niklot (1090 – 1160) in seinem letzten Kampfe anno 1160 zur Verteidigung dienen sollten.

Klinken

Klinken von Klingen

Der Ortsname Klinken soll nach dem Klingen der Kirchenglocken im Ort entstanden sein. Das ist zwar sachlich nicht richtig, aber es beweist, welche Zuneigung die Bewohner einst ihren Glocken entgegen brachten.
Der Name ‚Klinken' hat sich aus einem slawischen Wort herausgebildet. **Es stammt vom slawischen** ***-glina- Lehm oder Ton*** **ab. Klinken wurde auf einer Lehmschicht erbaut.**

Drachenflug

In Klinken erzählten sich die braven Bürger, dass Frau Waur als Drache durch die Luft geflogen sein soll.

Frau Waur Dank

In einem goldenen Wagen soll Frau Waur durch die Gegend gefahren sein. Das wird immer wieder, diesmal aus Klinken, berichtet. Auch dieser Wagen war nicht vor Unheil sicher – oder war es nur die Prüfung der Hilfsbereitschaft einzelner Menschen?
Einmal war die Deichsel ihres goldenen Gefährtes gebrochen und ein zufällig entlang kommender Häusler half ihr die Deichsel wieder zu richten. Aus Dankbarkeit bekam er von Frau Waur eine Hand voll Hobelspäne. Außerdem wurde ihm aufgetragen, sich auf dem Nachhauseweg ja nicht umzudrehen. Der Häusler drehte in seiner Angst nicht einmal seinen Kopf und lief schnurstracks nach Hause. Erst dort öffnete er die Hände, die Holzspäne waren inzwischen zu Gold geworden.

Klinkener Turmhügel

Im Klinkener Holz gibt es „Nemers Grab", wie die Einheimischen diesen alten Turmhügel nennen. Bei den alteingesessenen Slawen hießen die deutschen Ritter Nemer, wie auch dieser, der sich unweit dieser

Stelle niederließ und siedelte. Die Slawen sprechen es Nemez aus – ein Deutscher. Bei den Slawen bedeutete dies, er versteht uns nicht, kann nicht Slawisch und spricht nicht. Er kann sich nicht verständigen. Es folgten kriegerische Auseinandersetzungen, in deren Folge der Ritter ums Leben kam. Dort, wo der Turmhügel zu finden ist, wurde er wahrscheinlich auch bestattet und die Stelle heißt bis heute noch „Nemers Grab".

„Nemers Grab" ist eine rundliche Erhöhung, die einst von tiefen Gräben – die auch heute noch erkennbar sind – umgeben war. Sie hat einen Durchmesser von etwa 15 m. Der einst aus Mauersteinen errichtete Ritterturm soll einen Durchmesser von ca. 10 m gehabt haben. Die Mauersteine wurden in den zurückliegenden Jahrhunderten von Bewohnern der Nachbardörfer abgetragen.

Ehemaliger Befestigungsgraben und rechts Reste des abgetragenen ‚Burgwalls' im Klinkener Holz – Nemers Grab -

Die kleine Anhöhe Rugenbarg

Hinter dem Friedhof mit seiner Backsteinkirche liegt der Rugenbarg. Einst, so könnte von dem vorhandenen Schutt abgeleitet werden, standen auch hier Häuser.
Die ganz Alten erzählten, dass hier einst die Katholischen mit ihrem Papst gewohnt hätten. Die so allerlei – nur nicht Gott – angebetet hätten. Daraus ist aber eher zu schließen, dass es nicht Katholiken im heutigen Sinne waren, sondern slawische Ureinwohner mit ihrem Häuptling, die ihren Gott oder auch Götter huldigten.
Die Siedlung war von Wasser und Moor umgeben und nur einige Stiegen, ganz kleine Brücken, führten zu dem nahen Burgwall. Hinter dem Dorf stand einst ein Dornbusch und dort war der Einstieg/Stiege zu finden.
Bewiesen ist, dass es an dieser Stelle eine frühere slawische Siedlung mit einer kleinen Burg oder Wohnhaus mit einer Wallanlage gegeben hat.
Heute heißt diese Fläche noch Pastor- oder Küsteracker, weil das Feld dem Pastor gehörte.

Die große Glocke

Nemer, der Herr über die Lewitz, hinterließ seinen beiden Töchtern (einen Sohn hatte er zu seinem Leidwesen nicht) ein stattliches Erbe. Nemerstorf war den beiden Damen nicht mehr fein genug, es musste schon etwas Besseres sein. Klinken, gleich nebenan, hatte auch kein gewünschtes Niveau. Aber Crivitz, wo auch der Amtmann wohnte, das konnte es sein. Also zogen sie nach Crivitz und für ihr neues Heim schenkten sie der Stadt den ‚Lewitzer Windbruch'. Damit die Bauern in Klinken sie in guter Erinnerung behielten, spendeten sie für die Kirche eine neue Glocke. Das Spruchband auf der Glocke hatte folgende Widmung:

„Jungfer Lieschen von Nemersfeld
hat diese Glocke an Klinken verschenkt."

Ende des 18. Jh. hat man diese Glocke sehr unsachgemäß behandelt und dadurch ist sie zersprungen.

Die Glocke von Jungfer Lieschen

Jungfer Lieschen war reich und Klinken hatte es ihr angetan. Sie hatte Klinken eine Menge Geld geschenkt und auch bestimmt, wo die neue Kirche stehen sollte. Die Kirche sollte auch eine Glocke bekommen, auf der ein bestimmter Spruch stehen sollte. Außerdem hatte sie festgelegt, dass diese Glocke nie aus dem Dorf kommen soll. Dem Freiherrn haben die Wünsche von Jungfer Lieschen nie gefallen. Kaum war sie gestorben, da kamen feine reiche Herren, die diese Glocke mit ihrem hellen schönen Klanges kaufen wollten. Und den schönen Altar kauften sie auch gleich mit. Alle wussten ja, dass die Glocke nicht aus dem Dorf sollte, da kamen ganz Schlaue auf die Idee, die Glocke zu vertauschen. Es sollte einfach eine andere Glocke aufgehängt werden. Sie wurden sich mit dem Freiherrn schnell einig. 12 Pferde wurden zu Kirche gelenkt, die sollten die Glocke und den Altar auf dem großen Wagen abtransportieren. Bis zur Scheide des Dorfes ging alles planmäßig, dann gab es einen lauten Knall und die Glocke war zersprungen, auch der Altar trug Schaden davon. Es reichten vier Ochsen, um den Wagen samt Glocke und Altar wieder zurück zur Kirche zu fahren. Man hing die Glocke wieder auf, sie ging ganz leicht wieder in den Turm zurück.

Noch eine Glocke vom Lieschen

Lieschen von Nemerstorf wohnte in einem Schloss am Seefeld. Sie wollte unbedingt die herrlich klingende Glocke aus der Kirche zu Klinken für ihre Schlosskapelle haben. 24 Pferden haben den Wagen gezogen und bis zu den Seefeldschen Tannen ging alles flott voran. Hier stoppte der Transport und es ging nicht weiter. Ein einfacher Kuhbauer aus Klinken erbot sich, den weiteren Transport der Glocken zu übernehmen. Mit zwei mageren Ackergäulen, denen man den Hunger ansah, fuhr er die Glocke bis zur Kapelle. Dort wurde sie sogleich in den Glockenturm gehievt und fiel beim ersten Läuten aus der Angel. Sie sauste mit Gebraus durch das Schallloch und ihr Gewicht versenkte sie tief in der Erde. Sofort bildete sich an dieser Stelle ein kleiner See – der Klinkener See. Dort liegt die große Glocke noch heute.

Kirchenbau zu Klinken

Die Kirche in Klinken war schon recht baufällig, deshalb sollte eine neue viel schönere Kirche im Dorf errichtet werden. Wo heute die Schule steht war eigentlich der Bauplatz für die Kirche vorgesehen. Dorthin brachten Arbeiter die verschiedenen Baumaterialien, insbesondere die schweren Balken, um mit dem Bauwerk zu beginnen. Als sie am nächsten Tag zur Baustelle kamen, war das Holz verschwunden, es lag in den Wischen. Nun wurden die Materialien aus den Wischen wieder zur Baustelle geholt und der Tag war damit vergangen. Am nächsten Morgen das gleiche Bild, die Baumaterialien lagen wieder in den Wischen. Das konnte nur das Werk des Teufels sein. Er wollte nicht, dass die neue Kirche mitten im Dorf steht. Also bauten die Klinkener ihre neue Kirche dort, wohin der Teufel das Holz schon getragen hatte. Es wurde eine prächtige Kirche aus Stein und Holz errichtet – und sie steht heute noch.

Unlängst wurde der Kirche eine wunderschöne Bleiverglasung geschenkt.

Auch anlässlich der 775-Jahrfeier wurde die Sage nachgestellt.

Zur Jubiläumsfeier stand mitten im Dorf eine Teufelspuppe mit Baumaterial – als Hinweis auf diese Sage.
Deshalb steht die Kirche nicht im Dorf sondern schon seit mehr als hundert Jahren außerhalb.

Das Pferd des Pastors

Die Alten in Klinken erzählten es den Jungen, auf unserem Kirchhof spukt es. Ein Schimmel sei nachts auf dem Kirchhof herumgelaufen. Seitdem traute sich bei Dunkelheit keiner mehr dorthin. Ein Neugieriger wollte es genau wissen und hat sich eines Abends dort versteckt. In der Dunkelheit kam doch tatsächlich ein Schimmel da entlang und genau auf den Busch zu, der sein Versteck war. Nun saß er schlotternd da und wusste nicht wohin. Das Pferd kam immer näher und seine Angst wurde immer größer. Da riss er die Augen weit auf – das Pferd kannte er. Es war der Schimmel vom Klinkener Pastor! Die Leute im Dorf sollten nicht sehen, dass der Pastor sein Pferd jeden Abend auf dem Kirchhof grasen ließ. So entstand die Geschichte vom Spuk auf dem Kirchhof in Klinken.

Geld brennen

Geld brennen oder machen, das möchte wohl fast jeder können. In Klinken gab es einen Bauer, der konnte Geld brennen. In seinem Backofen machte er das und die Kinder des Dorfes sollen ihm sogar dabei geholfen haben. Sie saßen ganz mucks Mäuschen still hinter oder auf einem Haublock und sind nicht weggelaufen. So wurde der Bauer nach und nach richtig reich.

Der Teufelsbach

Der Teufel und seine Mutter waren die Urheber für den Bach, der auch heute noch den Namen Teufelsbach trägt. Der Teufel führte den Pflug und seine Mutter zog das Gefährt. Das Gelände stieg leicht an und es war nicht gerade ebenerdig. Die Aufmerksamkeit des Teufels war mäßig und so kamen die Schare des Pfluges tiefer in die Erde als ursprünglich gewollt; es entstand eine tiefe Furche. Es dauerte nicht lange und Grundwasser zeigte sich darin, das in Richtung Ruthenbeck floss. Der Teufel hatte einen Bach geschaffen.

Die Mühle zu Klinken

Noch heute erinnert ein kleines Schild, das rechts an der Straße von Klinken in Richtung Raduhn steht, an die Kinkener Mühle. Seit 1394 gibt es einen Nachweis für den Betrieb einer Mühle an dieser Stelle. Anno 1785, als bei einer verheerenden Überschwemmung der Friedrichsruher Damm auf fünf Stellen durchbrochen wurde, hat auch sie Schaden erlitten. In Betrieb ist die Mühle schon lange nicht mehr, denn sie ist 1933 abgebrannt. Im Hamburger Fremdenblatt wurde darüber berichtet: *„Die Klinker Mühle bei Crivitz in Mecklenburg wurde spät abends durch ein Großfeuer völlig vernichtet. Die zerstörte Mühle war rund drei Jahrhunderte alt"*.
Der Flecken blieb aber immer bewohnt.
Hier hat es in früheren Zeiten oft gespukt und auch der Teufel soll hier persönlich zu sehen gewesen sein. (Müllersleute standen immer im Verdacht, mit dem Teufel im Pakt zu stehen. Ganz richtig soll es bei denen nie zugegangen sein).
Wenn dieser Spuk zu sehen war flammten Lichter auf und ein Sarg wurde durch die Gegend getragen. Der Marsch ging immer von der Steinbrücke aus in Richtung Moorberg.

Reiter Nemer

Im Klinker Holz soll einst ein Schloss gestanden haben. Sein Besitzer hieß Nemer und er war ein weithin bekannter Ritter. Rings um das Schloss sah man große fruchtbare Felder und saftige Wiesen, die er redlich bewirtschaftete. Nemer war eine ehrliche Haut, aber er hatte keine männlichen Nachkommen. Es dauerte dann auch nicht lange, das Geschlecht starb aus, das Schloss verfiel, Äcker und Wiesen blieben unbearbeitet. Zuerst siedelten sich kleine Bäume an, die im Lauf der Zeit zum heutigen Wald heranwuchsen. Hier gibt es noch einen kleinen Hügel, der als Nemers Grab bezeichnet wird. Der alte Nemer soll aber in diesem Grab keine Ruhe finden und nachts auf einem Schimmel durch die Flur reiten. Er kann es nicht verwinden, dass er keine männlichen Nachfahren hatte und alles seine beiden Töchter bekamen. Um Mitternacht vertreibt er jeden Eindringling mit derben Stockschlägen aus seinem ehemaligen Land um zu zeigen, wer hier ‚Herr im Hause' ist.

Nemer soll ein gutes Herz besessen haben. Wenn jemand unschuldig in Not geraten war, konnte er zur Nemer Eiche gehen und um Hilfe bitten. Er soll, so wird es berichtet, meistens geholfen haben.

Diese Eiche hat es tatsächlich gegeben. Im Jahre 1932 warf sie ein starker Sturm um; das Holz wurde verkauft.

Krim – Namensfindung

Hier, mitten in der Lewitz, stehen einige Häuser in verträumter Landschaft mit einer besonderen Postanschrift: Krim.

Zur Historie: 1797 gab es einen Großbrand in Neu Brenz. 6 Büdner, die dabei alles verloren hatten, wurden nun in Friedrichsmoor angesiedelt. Im Jahre 1874 wiederholte sich das Unglück, die Menschen verloren wieder ihr Hab und Gut. Nun wurden sie an den Brenzer Kanal, der ja immer Wasser führte, umgesiedelt. Deshalb wurden sie auch ‚Kanalbüdner' genannt.

Namensfindung: Truppen des Großherzogs waren einst auch an einem Krieg auf der Krim beteiligt. Einige Soldaten, die danach wohlbehalten in die Heimat zurückkehrten, bekamen zum Neuanfang vom Großherzog ein Stück Land zum Hausbau und zur landwirtschaftlichen Nutzung. Damit konnten sie Familien gründen und ernähren. Hier, am Brenzer Kanal, wurden sie angesiedelt und nannten diesen Flecken zur dankbaren Erinnerung `Krim`.

Kronskamp – Ort für Kraniche

Dieses kleine Dorf gehört heute zu Neustadt-Glewe. Der Name weist auf die Besonderheit hin: „Ort der Kraniche“.

Kraniche bei der Rast. Foto: Walter Thiel, Schwerin

Matzlow

Wunsch einer Königstochter

Ein Garwitzer Fischer hatte den jungen Mundt als eine Art Schiffsjungen mit auf seinen Kahn genommen. Er verrichtete nun kleine Arbeiten und half dem Fischer tüchtig bei den anfallenden Tätigkeiten. Eines Tages legten sie am Garwitzer Wald, ganz in der Nähe des Heidberges, an und verbrachten hier auch den Abend. Mitternacht war es, als eine ganz in weiß gekleidete Frau auf die beiden Männer zukam und ihre Bitte vortrug. Heute Nacht könnte sie, die eine verwunschene Königstochter wäre, von ihrem Fluch erlöst werden. Die beiden überlegten

und der Fischer fragte zuerst, was dies denn an Lohn einbringen könnte. Sie sollten bekommen, was sie sich wünschten.
Der Wunsch der Königstochter lautete: tragt mich bitte zum Heidberg. Schon von Weiten werden wir ein Feuer sehen und auch einen riesengroßen Hund. Der Hund wird sehr wütend sein und gefährlich bellen, je näher sie kämen. Wenn aber beide keine Angst zeigten, würde ihnen der Hund nichts tun. Die Männer waren sich einig und wollten die Bitte erfüllen. Sie nahmen die Frau auf die Schulter und trugen sie zum Heidberg hin. Bereits von Weiten sahen sie einen hellen Schein. Die Vorhersage der Frau stimmte also. Auch der Hund, der laut bellte und gar fürchterlich aussah, war zu sehen. Die Kerle erschraken gar sehr und ließen die Frau zu Boden gleiten. Der Hund fletschte nun die Zähne und sprang auf sie zu. Da liefen sie aus lauter Angst davon, rannten um ihr Leben und dachten nicht mehr an den schönen Lohn. Der Fischer war nach diesem nächtlichen Erlebnis drei Tage lang krank und zu keiner Arbeit fähig.

Mirow

Weiße Frau vom Röpaulsberg

Früher wurde in Mirow abends in den Zimmern bei Kerzenschein oder Holzfeuer noch viel über Spuk und Gespenster erzählt. Die Alten gaben ihr Wissen an die Jüngeren weiter, aber oft wollten sie diese auch nur ein wenig erschrecken. Am Röpaulsberg, der am Ende des Dorfes liegt, sollen einige Bewohner zu mitternächtlicher Stunde eine weiß aufgetakelte Frau am Spinnrad sitzen gesehen haben. Sie hätte aber auch viel Unfug getrieben. War die Spukstunde vorbei, war auch die Frau mit dem Spinnrad weg. Um diese Zeit hat sich keiner mehr freiwillig in dieser Gegend aufgehalten.
Ein junger Mann, der einmal spät abends von seiner Braut kam, hatte es ziemlich eilig. Er hatte wohl die Zeit bei schönen Dingen vergessen und wollte mit seinem Fahrrad vor der besagten Mitternachtsstunde am Röpaulsberg vorbei sein. Er sah nicht nach links und rechts, wollte nur nach Hause. An einem Dornbusch, der dicht bei dem Berg wuchs, fiel er kopfüber vom Fahrrad. Nach einer Weile, er hatte sich vom Sturz

etwas erholt, hörte er es im Laub leise rascheln. Er hob vorsichtig den Kopf und sah die weiße Frau auf dem Weg herumtanzen. Und ganz plötzlich war sie wieder im Dornbusch verschwunden. Der Mann lag still und spürte den kalten Angstschweiß auf dem Rücken. Er dachte nur eins – weg hier. Da fahre ich jetzt nicht mehr dran vorbei, wer weiß, was mir noch alles passieren kann!
In einem weiten Bogen umfuhr er diese gruselige Stelle. Richtig ruhig schlafen konnte er in dieser Nacht nicht mehr. Am nächsten Morgen war er wieder etwas besser drauf und er wollte die Stelle nochmals aufsuchen. Zur Unterstützung nahm er seinen besten Freund mit. An der besagten Stelle lag ein dicker Ast auf dem Weg der vom Baum gebrochen war. Im Dornbusch raschelte ein großes Stück helles Papier im Wind. Die Geschichte ging wie ein Lauffeuer im Dorf herum und selbst die älteren Einwohner sahen nun ein, dass es in Mirow keinen Spuk gibt.

Gabelbirke neu gesetzt

Gabelbirken markieren die Grenze zwischen zwei Flurstücken und waren anerkannte Grenzen

Es gibt natürliche Markierungen in der Feldmark die jeder kennt und deren Namen von den Älteren an Kinder und Enkelkinder über viele Generationen hinweg weitergegeben wurden.
So auch die Bezeichnung „Gabelbirke“. Diese Birken haben eine zweigeteilte Krone und ähneln einer Gabel. Eine markierte einst die Grenze zwischen Banzkow und Mirow. Alt und morsch fiel sie bei einem Sturm um, doch die Bezeichnung blieb erhalten. Die Idee, wir pflanzen eine neue Gabelbirke, fand Zuspruch. Dann wurde bei einem Sommerfest in Mirow eine junge Birke am ehemaligen Standort gepflanzt. Zahlreiche Einwohner, die Bürgermeis-

ter und die Vertreter der Vereine der Orte waren dabei, als das Banzkower Blasorchester das Lied „Drei weiße Birken“ spielte und der Baum gepflanzt wurde. Nicht nur die Birke soll an diesem besonderen Tag reichlich angegossen worden sein….
Nun steht zwischen beiden Orten wieder eine Gabelbirke.

Der Lindwurm

Die Erinnerung an einen Lindwurm ist in den Dörfern noch nicht verblasst. Damit er nicht in Vergessenheit gerät, hat man ihm eine Sagentafel gewidmet:
Unter einem riesigen Baum, an der Straße von Mirow nach Banzkow/ Goldenstädt hauste einst ein böser Drache. Er drangsalierte die Bauern von Mirow und zerriss ihr Vieh. Da sannen die Mirower auf eine List.
Sie errichteten dem Lindwurm ein schönes weiches Strohlager.
Als das Untier es sich auf dem Lager gemütlich machte, zündeten die Bauern das Stroh heimlich an und der Lindwurm musste elendig sterben.

Der Störkanal trennt die Kulturlandschaft in einen östlichen und einen westlichen Teil. Die neue Gaartzer Brücke verbindet beide Seiten wieder zu einem Ganzen. Diese Aufnahme entstand während einer Ballonfahrt im Herbst 2008.

Neuhof

Fischteiche

Seit 1897 gibt es Fischteiche in der Lewitz. Es ist dem Gutsbesitzer Ziemsen aus Grönings bei Wismar zu verdanken, dass diese Teiche hier angelegt und auch bewirtschaftet wurden. In all den Jahren war die Fischproduktion in den Teichen nicht immer gleichmäßig erfolgreich, aber sie hat sich bis heute erhalten. Die Herbstabfischung der Teiche, Anfang November, ist ein riesen Spektakel mit Volksfestcharakter. Tausende Besucher kommen nach Neuhof, sehen den Fischern bei ihrer Arbeit zu und kaufen den fangfrischen Fisch (hauptsächlich Karpfen).

Herbststimmung an den Karpfenteichen in der Lewitz

Kindstausch

In Neuhof soll es geschehen sein: Die Unterirdischen hatten einer Mutter ihr Neugeborenes aus dem Bett genommen und dafür eine alte Frau hineingelegt. Die Frau war fassungslos und es gab keinen, der ihr einen Rat geben konnte. Es verging einige Zeit, da kam ein Reisender ins Dorf, dem die Geschichte erzählt wurde. Der wusste einen Rat und trug ihr folgendes auf:
Sie solle Bier von Rüben brauen, es ordentlich heiß machen und die Unterirdische auf einem Stuhl daneben setzen. Die wird dann fragen, was die Frau denn da mache und sie solle antworten: In das heiße Bier kommst du jetzt rein!
Gesagt, getan – im nu war die Alte verschwunden und das eigene Kind war wieder da.

Neustadt Glewe

Hunde jaulen

Die Einwohner von Neustadt Glewe erzählten es immer wieder - oder wollten es gar selbst erlebt haben: Wenn Frau Waur einen ihrer Hunde im Ort zurückließ, hat er das ganze Jahr nur gejault, bis er wieder abgeholt wurde.

Märchenerzähler auf der Burg

Vor langer Zeit lebte einst auf der Burg ein alter Soldat. In einem der Kriege hatte er ein Bein verloren. Er lag lange danieder und als er wieder genesen war, bekam er vom Burgherren auf Lebenszeit sein Essen zuerkannt.
Der Alte hatte wieder Lebenslust gefasst und überlegte, wie er sich trotz des Verlustes nützlich machen konnte. In der Stadt hieß er auch nur der einbeinige Jochen. Kinderlieb war er und die Mütter, die tagsüber schwer schuften mussten, hatten meist wenig Zeit um sich um den Nachwuchs zu kümmern. Seine Großmutter hatte ihm früher immer Märchen erzählt. Schulpflicht gab es damals noch nicht und die Alten brachten ihren Kindern alles selbst bei. Auch durch Märchen lernten sie Nützliches für das spätere Leben. Wenn die Kinder neben ihren vielen

Pflichten etwas Freizeit hatten, trafen sie sich und der einbeinige Jochen erzählte ihnen Märchen. Die Kinder lauschten ganz gespannt, erzählten es zu Hause, bei ihren Freunden und Kameraden weiter. Nach und nach wurden es immer mehr Zuhörer. Die alten Märchen wurden so vor dem Vergessen bewahrt und der alte Soldat Jochen hatte neuen Lebensmut gefunden.

Das untergegangene Kloster

Großmutter hatte immer ihre Bedenken, wenn ich im Winter mit meinen Schlittschuhen raus auf unseren Neustädter See wollte. Das Eis war nicht immer gleich dick und brach oft. Fast jeden Winter forderte das Eis ein Opfer, meist auch durch Leichtsinn begünstigt. Wenn Großmutter absolut nicht wollte, dass ich zum See ging, lockte sie mich mit ihren Geschichten. Sie konnte so gut erzählen und ich hörte gern zu.
Der See war früher nicht an der heutigen Stelle. Da stand damals ein mächtiges Kloster mit großen Gemäuern, mächtigen Türmen und herrlich klingenden Glocken. Es muss wohl alles sehr schön gewesen sein, bis die Bewohner ihr gesittetes Leben aufgaben und sich ganz gottlos nur noch den Freuden und Gelüsten des Lebens hingaben. Dann kam dafür die Strafe des Herrn. Das Kloster versank und hinterließ keinerlei Spur, es ist nichts mehr zu sehen. Heute kann man über den See blickend ahnen, dass hier einmal ein Kloster stand. Am Johannistag zur Mittagsstunde soll man, flach auf der Erde liegend, Töne der Glocken aus der Erde heraus hören können. In hellen Vollmondnächten ist auch schon manchem Wanderer eine Klosterfrau begegnet. Sie wäscht und dabei sind laute Klagelaute zu hören. Wenn letztere gesehen wurde fordere der See bald wieder ein Opfer, wird erzählt. Vor einiger Zeit erst hatte man die Klosterfrau gehört und danach war leider wieder ein Opfer zu beklagen. Ein Bauer war mit seinem Fuhrwerk in der Nähe des Sees tätig und wollte seine Pferde tränken. Zeit wollte er dabei nicht verlieren, deshalb spannte er nicht ab und suchte auch keine flache Uferstelle auf. Das Ufer war hier sehr steil. Als die Pferde zu Saufen begannen schob das ganze Fuhrwerk Pferde und Kutscher mit in den See. Hast, Eile und Unüberlegtheit waren hier sicher auch im Spiel, aber der Sage nach war es die alte, klagende Klosterfrau die ihr Opfer holte.

Solide Arbeit zahlt sich aus

Ein Weidenmacher und seine Frau, beide jung und kräftig gebaut, wohnten unten am Kietz. Arbeit hatte er reichlich und er verstand sich auch gut mit seiner Frau. Bisher blieb nur der Wunsch nach einem Kind unerfüllt. Einige Jahre waren nun schon ins Land gegangen und es wollte sich kein Nachwuchs anmelden. Der Herbst kam ins Land und der Weidenmacher zog wie jedes Jahr hinunter zum Fluss, um mit seinem scharfen Messer die Weiden zu schneiden. Erst im Spätherbst, wenn die Blätter bereits abgefallen waren, wurden sie geerntet. Sie waren schön biegsam, auch bruchfest und ergaben gute Korbwaren für die verschiedensten Verwendungszwecke.
Von Weidenkopf zu Weidenkopf legte er am Ufer die geschnittenen Ruten in handlichen Bündeln ab. Die wollte er dann auf seinen Karren laden und sich auf den Heimweg machen. Bei dieser Arbeit entfernte er sich meist weit von der Stadt und dem weithin sichtbaren Wahrzeichen, der Burg. Bereits bis zum Eldebogen bei Klein Laasch war er gelaufen, so sehr war er in seine Arbeit vertieft. Hier entdeckte er, nahe einem Weidenbusch auf einem Stamm sitzend, ein altes graues Männlein. Ängstlich war der Korbmacher nicht, also schritt er zu dem Alten hin und entbot seinen Gruß, „Guten Tag." Der Alte nickte ebenfalls und sagte dem Korbmacher: „Du schneidest hier die Weidenruten ab, als ob die Weiden deine allein wären." „Dies sind meine und auch nicht meine, sie gehören allen und keinem", antwortete der Korbmacher ganz ruhig. „Ihr irrt, ihr irrt", rief der Alte wenn auch schon mit weitaus schwächerer Stimme, „das sind meine ganz persönlichen Weiden." Der Korbmacher schaute den grauen Alten nun noch intensiver als bisher an und fragte ihn: „Wer seid ihr denn nun in Wirklichkeit? Ich kenne hier in der Gegend viele Leute, aber ihr seid mir unbekannt." Der Alte lächelte, kicherte dabei voller Freude und lüftete sein Geheimnis: „Ich bin der Weidenschrat." Zurücktretend staunte der Korbmacher, vom Weidenschrat hatte er bisher nur aus alten Geschichten und Sagen gehört. Er wusste, dass der wohl in größeren Abständen eine menschliche Figur annahm und sich einen Menschen aussuchte, dem er Glück oder Unglück brachte. Der Korbmacher entschuldigte sich beim Weidenschrat, bat um Verzeihung und hoffte, dass er nicht unmäßig war. Der Schrat wollte erst einmal Wegezoll vom Korbmacher und bat um etwas Vesperbrot. Der Korbmacher packte sein Brot aus, brach es in

zwei Teile und gab das etwas größere dem Weidenschrat. „Na, viel ist nicht auf meinem Brot, bei uns ist Schmalhans der Küchenmeister“, erklärte er dem Weidenschrat. „Wieso“, fragte der Alte zurück, „das Brot ist doch ganz köstlich.“ Der Korbmacher staunte noch mehr, als statt Wasser köstlicher Apfellandwein aus seiner Kruke floss. Das alles war ihm nicht ganz geheuer. Woher sollte seine Frau wohl diese schönen Dinge haben? Damit er sein Weib zu Hause auch richtig befragen konnte, nahm er etwas Vesperbrot und Wein mit nach Hause zurück. Der Weidenschrat, der dies alles beobachte, lächelte nur gutmütig. Also pass auf Korbmacher, ganz ohne Lohn kannst du die Weiden nicht haben. Bring mir innerhalb von drei Tagen drei Fischreusen hierher. Sind diese gut geflochten ist alles in Ordnung. Außerdem gabst du mir das größere Stück vom Brot und dafür hast du dann noch drei Wünsche frei.

Der Weidenschrat ging langsam auf eine alte hohle Weide zu und verschwand darin. Der Korbmacher rief zwar noch hinterher, aber der Schrat hörte ihn nicht und er konnte ihn auch nicht sehen. Er war verschwunden. Nachdenklich stand der Weidenmacher da, dann sammelte er alle geschnitten Ruten ein und ging, ständig über das eben Erlebte nachdenkend, nach Hause zu seiner Frau. Sie konnte es sich auch nicht erklären und beteuerte nur, sie habe weder Speck noch Wein im Haus. Nun ging ihnen ein Licht auf, das konnte nur der Weidenschrat selbst getan haben.

Der Korbmacher ließ keine Zeit verstreichen, er setzte sich sofort in die Werkstatt und begann die Reusen zu flechten. Er arbeitete flink, doch seine Gedanken flogen hin und her. Mal wollte er die Arbeit so schnell als möglich fertig haben und dann waren es wieder die drei Wünsche, die im Kopf bohrten. Als er seine Frau befragte, antwortete sie nur mit einem Lächeln, du weißt was mein größter Wunsch wäre. Also stand für beide der erste Wunsch fest. Die Arbeit ging voran und bereits an diesem Abend war die erste Reuse fertig. Kritisch betrachtend war er sehr zufrieden damit, nur sein Messer würde wohl keinen weiteren Winter aushalten. Da stand auch der zweite Wunsch fest.

Am nächsten Tag arbeitete er zielstrebig weiter. Die drei Reusen waren bald fertig. Er hatte sie gut und auch fest gebunden, die würden einige Zeit halten. Die Arbeit war gelungen, meinte der Korbmacher; nur ein dritter Wunsch wollte ihm nicht einfallen. Er lud die Reusen auf seinen Karren und machte sich auf den beschwerlichen Weg zu der Stelle, wo er den Weidenschrat getroffen hatte. Etwas müde von der Arbeit der letzten Tage und vom Weg stand er da und rief: hier bin ich mit den gewünschten Reusen. Dann setzte er sich auf den Weidenstamm und wollte warten. Er staunte nicht schlecht als der graue Alte bereits neben ihm stand. Jetzt nahm der Alte die Reusen in die Hand und begutachtete sie sehr genau: „Gut sind sie geworden. Nun kannst du mir deine drei Wünsche nennen!“ Als erstes wünschte er sich Nachwuchs. Auf die Frage, ob Junge oder Mädchen, antworte er: nur ein gesundes Kind. Dann hätte ich gern ein neues Flechtmesser für meine Arbeit über Winter. Und weiter, forschte der Alte. Da senkte der Korbmacher den Kopf und gestand: „Ich habe keinen dritten Wunsch, mit ist nichts weiter eingefallen.“ „Gut so“, sagte der graue Alte, „deine Wünsche sind dir gewährt. Nun geh nach Hause, hol dir eine Axt und spalte den Stamm, auf dem du jetzt noch sitzt. Was du findest, ist dein Lohn für die geleistete Arbeit.“ Schwupp – und weg war der graue Alte, er war auch nicht mehr zu sehen.

Der Korbmacher eilte nach Hause und holte das Werkzeug. Er ging sofort an die Arbeit und zerlegte den Stamm. Innen war, wie bei alten Weiden oft üblich, nur brauner Mulm und zersetztes Holz. Etwas traurig wurde er da schon - nur Mulm. Doch was blitzte da, ein Lederbeutel und darin waren drei Silberlinge. Zu Hause zeigte er diesen kleinen Schatz seiner Frau und die Freude war groß. Drei Kinder wurden ihnen geboren und der Größte trat in die Fußstapfen seines Vaters. Sie lebten glücklich und zufrieden, denn der Beutel war eine wahre Fundgrube. Auch wenn der Korbmacher einen oder gar zwei Silberlinge herausnahmen, im Beutel lagen immer wieder drei Stück. Den Weidenschrat hat er nur noch einmal getroffen und dabei sagte der: „Denk daran, der Beutel hält nur solange, wie deine Reusen nicht entzwei gehen.“ Der Korbmacher war zufrieden mit sich, weil er gute Arbeit geleistet hatte und so sollte es auch in Zukunft immer bleiben.

„Gute Arbeit zahlt sich aus“, – sagt auch heute noch ein Sprichwort.

Der Waisenjunge und der Eldeschatz

Nicht immer trifft man das Glück. Vor vielen Jahren lebte ein Waisenjunge in Neustadt. Seine Eltern waren bei der letzten Pest gestorben. Aber Clas, so hieß das Kind, war ganz zufrieden, weil ein Fischerehepaar ihn aufgenommen hatte. „Wer essen will, muss auch arbeiten", so die täglichen Worte des Fischers. Früh ging es raus und auch er musste mit, um seinen Lebensunterhalt zu verdienen. Freunde hatte er keine. Der Fischer war nicht sonderlich lieb zu ihm, eigene Kinder hatten er und seine Frau nicht. Die Frau war, wenn es der Mann nicht sah, schon etwas netter zu ihm. Gab ihm, wenn er mal alleine angeln durfte, auch ein Stück Brot mit auf den Weg. Soweit war er doch ganz glücklich. Träumend - wie helle Jungs nun mal sind – erlebte er abenteuerliche Reisen, aufregende Kämpfe und schlug sich wacker durch das Leben. Seine Träume endeten aber immer auf einer einsamen Insel. Weiter konnte er nie kommen – immer kam etwas dazwischen und seine Träumereien waren für diesen Tag beendet. So auch an dem denkwürdigen Nachmittag. Ein Fischotter riss ihn aus seinen Fantasien. Direkt vor ihm im Wasser schwamm er und schaute ihn mit seinen blanken Augen an. „Wenn du mir einen Fisch schenkst", so die menschliche Stimme des Otters, „verrate ich dir ein Geheimnis." Na, das war nun für den jungen Clas nichts Besonderes. Teilen konnte er, das machte ihm nun wirklich nichts aus. Er öffnete seinen Fischkorb, nahm eine größere Plötze heraus und warf sie dem Fischotter hin. Der hob den Kopf und noch im Wurf hatte er den Fisch im Maul. Er schwamm aufs Ufer zu und setzte sich neben den Jungen. Clas hörte die Gräten knacken und aufgefressen war der Fisch. Er beobachtete den Otter genau, denn selbst er hatte noch nie einen so nahe gesehen. Nach dem Fressen richtete sich das Tier auf und sprach zu Clas: „Genau vor dir in der Elde liegt ein Schatz verborgen. Kein Gold oder Silber, nur eine Flasche. Genauso eine, wie die Fischer immer mit zum Fischen ins Boot nehmen, wenn sie auf den See fahren." „Und dies soll ein Schatz sein, mit dem man reich werden kann?" fragte Clas den Otter. „Ja, wenn man es richtig anstellt schon, ansonsten ist alles futsch und verloren. Zum Vollmond muss die Flasche vom Eldegrund geholt und auch bei Vollmond geöffnet werden. Ist der Stöpsel entfernt, lege sofort den Daumen auf die Öffnung und sage ein ganz bestimmtes Wort." Das kannte der Otter aber auch nicht. Drei Wünsche hätte man dann frei, aber kein Gold,

kein Geld und kein Hab und Gut. „Denk nach“, sagte der Otter und verschwand im Wasser. Clas schrie: „Otter komm zurück, das Wort, das Wort“, - aber der Fischotter tauchte heute nicht wieder auf.
In den nächsten Tagen kam er nicht zum Angeln, er musste dem Fischer bei der Arbeit helfen. Aber nun, am dritten Tag, klappte es wieder und Clas saß am Ufer und angelte. Einige Fische hatte er schon gefangen, als endlich der Otter auftauchte. Wieder dieselbe Geschichte. Gib mir einen Fisch und ich verrate dir ein Geheimnis. Gesagt, getan. „Du musst den Eldegrapsch überlisten, der weiß dein Lösungswort.“ „Wie soll ich das anstellen?“ fragte Clas zurück. „Bei Vollmond musst du ihn rufen und bitten, dass er dir hilft den Mond aus der Elde zu ziehen. Das Spiegelbild des Mondes sieht er und wenn er dies merkt, dann wird er das Wort sagen, aber du musst es dir gut merken“, waren die letzten Worte des Otters, bevor er wieder im Wasser verschwand.
Clas war unwohl bei dieser Sache und abends, nachdem er sich richtig überwinden musste, erzählte er den beiden Alten die Geschichte. Der Fischer lachte nur und meinte: „Jetzt spinnt er schon am Tage und denkt sich die dümmsten Geschichten aus.“ Betroffen ging Clas ins Bett. Die Nacht hatte er schlechte Träume. Der Eldegrapsch warf Clas erst eine und dann noch eine zweite Flasche zu. Clas ließ die erste wieder fallen und fing die zweite. Der Eldegrapsch lachte nur und meinte, du hast die verkehrte Flasche gefangen. Er wachte auf, zum Glück lag er aber in seinem Bett, aber unruhig bis zum Morgen.
Als Clas endlich aufstehen konnte, dachte er nur: heute Abend muss es sein oder nie. Der Tag verging viel zu langsam, dann endlich konnte Clas los. Kaum angekommen, traf auch schon der Otter ein. Das Ritual war wie in den Vortagen. „Opfere einen deiner drei Wünsche und frage die Flasche, wie man am besten reich werden kann?“ Am sehr späten Abend schlich sich dann Clas zur Elde und tauchte ins kühle Wasser. Schnell hatte er die Flasche gefunden und hielt sie fest in seinen Händen. Der Stöpsel ließ sich nicht so ohne weiteres herausziehen. Er musste heftig ziehen und drehen – dann war die Flasche offen. Schnell legte er den Daumen drauf und rief den Eldegrapsch. Die Elde lag flach und still, nahe am Ufer tauchte das grüne Auge vom Eldegrapsch auf. „Warum rufst du mich?“. „Hilf mir den Mond aus dem Wasser zu holen, er ist hinein gefallen.“ Der Grapsch fiel darauf hinein und griff ins Wasser. „Lausejunge“, rief er wütend und tauchte ab. Clas nahm nun erwartungsvoll den Daumen von der Öffnung und sagte leise:

„Lausejunge, sag mir wie ich reich werden kann?“ Eine tiefe Stimme antwortete: „Gesundheit, Glück und Klugheit sind die Schlüssel zum Reichtum. Noch hast du zwei Wünsche frei. Wähle gut!“ Er überlegte hin und her, wog immer zwischen den einzelnen Punkten erneut ab und kam am Ende zum Schluss: „Ich wünsche mir Gesundheit und Glück.“ Lerne ich gut und bin gesund, werde ich auch klug sein - so hatte er entschieden. Die Stimme meldete sich wieder: „Schließe die Flasche und versenke sie wieder im Fluss. Vielleicht findet sie ja wieder jemand.“

Clas wurde ein stattlicher Mann und ein rechtschaffener Fischer. Gesundheit, Glück und Klugheit waren seine Schlüssel für den Erfolg. Er hoffte nur, dass bald wieder ein anderer diese Flasche finden würde.

Nebeljule

Krischan, ein Knecht von der Burg, war mit einer großen Fuhre Holz unterwegs zur Burg. Er sollte sie noch vor Wintereinbruch dorthin bringen, denn man rechnete mit einem strengen Winter. Die Vögel waren früh gen Süden gezogen, Igel und Haselmaus waren bereits im Winterschlaf und auch die überaus reichliche Eichenmast sprach für einen frühen strengen Winter. Nun aber kam Krischan mit seinem Gespann zu einer Stelle, wo die Nebeljule ein großes Fass mit dickem weißem Nebel ausgeschüttet hatte. Er konnte kaum noch die Pferde, die kurz vor ihm im Zaum liefen, sehen. Auch die Pferde waren irgendwie unruhig. Der Knecht hielt die Zügel straffer und mit einem „Brr“ hielt er das Gespann an. Er stieg vom Bock und ging nach vorne links zum Führpferd, streichelte es, aber es half wenig. Die Pferde blieben unruhig und scharrten mit den Vorderhufen auf dem Erdboden, als wollten sie Krischan etwas mitteilen. Krischan horchte auf, weinte da jemand, oder hatte er sich nur getäuscht. Er streichelte seine Pferde nochmals ganz liebevoll und beruhigend. Da war wieder das leise Weinen. „Ist da wer“, rief er in den Nebel hinein. Stille, aber nach kurzem Schweigen war wieder dieses leise Schluchzen zu hören.“ Na, na“, rief Krischan,“ so schlimm kann es wohl nicht sein. Kommt her zu mir, ich möchte euch sehen und will auch wissen, ob ich helfen kann.“ Aus dem dicken Nebel tauchte eine blasse, aber wunderschöne Frau auf, der die Tränen über die Wangen rollten. „Was macht ihr hier bei diesem Nebel im

Wald", fragte er die Schöne. Sie weinte immer noch und antwortete schluchzend: „Der Regenhannes hat mich verlassen und ist mit der Windtrine auf und davon." Regenhannes, Windtrine ging es dem Pferdeknecht kreisend durch den Kopf, das sind doch Geister! Er hatte aber keinen Tropfen Alkohol getrunken. Nur Zeit gewinnen! „Wer seid ihr denn?", fragte er betont langsam. „Ich bin die Nebeljule, auch ein Naturgeist", antwortete immer noch weinend die schöne Frau. Krischan ging automatisch ein, zwei Schritte zurück und bekreuzigte sich unbewusst dreimal, so wie er es vom Besuch der Kirche her kannte. Krischan versuchte Herr der Lage zu werden. Er wusste aus Erzählungen, dass solche Begegnungen mit Geistern bei Nacht und Nebel auch unschön enden konnten. Er aber war doch ein gläubiger und auch starker Mann. Die Frau vor ihm war sehr schön und sah recht unglücklich aus. „Bist du aus Luft oder kann ich dich auch berühren?" Die Nebeljule antwortete: „Du weißt doch, wir sind mal so oder so. Im Moment bin ich ganz so wie du." Krischan nahm all seinen Mut zusammen und berührte sie zuerst nur mit dem Zeigefinger, dann strich er mit der Hand über ihren Arm und die Schulter. Er sprach: „Du solltest die Sache mit dem Regenhannes nicht gar so schwer nehmen. Eine junge und so schöne Frau wie du findest doch bald einen anderen." Innerlich war er schon ganz aufgewühlt und dachte noch, er könne doch der andere sein. Er nahm die Nebeljule einfach in seine Arme und küsste sie herzhaft. Sein Kuss wurde erwidert. Und so küssten sie sich eine ganze Weile, bis die Pferde anfingen zu wiehern und wieder mit den Hufen zu scharren. Aber diesmal, weil ihnen vom langen Stehen kalt war. Nebeljule weinte nicht mehr, ganz im Gegenteil. Urplötzlich fragte sie Krischan: „Wie soll das mit uns zweien weitergehen. Du gefällst mir gar sehr, aber kann ich dich denn heiraten?" „Warum denn nicht", antwortete Krischan und klatschte vor Freude in die Hände. „Nicht so schnell. Ich muss erst den Sonnengott, den Dashbog fragen. Ich muss zu ihm gehen und seine Erlaubnis holen, denn ein Wettergeist hat noch nie einen Menschen geheiratet. Bitte komm in drei Tagen wieder, da weiß ich die Antwort und wir werden weiter sehen. Ja?" Nun blies sie die Backen auf und die Nebel verschwanden links und rechts in den Wald. Krischan konnte den Waldweg lang blicken, kein Nebel mehr - aber auch die Nebeljule war wie weggeblasen. Krischan fuhr mit dem Gespann zur Burg und die Nebeljule war derweil unterwegs zum Sonnengott. Sie musste einen weiten Weg zurücklegen. Endlich kam sie beim Weltenbaum an. Ein großer starker Baum war das. Die Wurzeln saßen in der Erde und die oberen Äste reichten bis in den Himmel. Zaghaft klopfte sie an. Der Hüter des Baumes, der im Stamm wohnte, fragte nach ihrem Begehr. Sie erzählte ihm wahrheitsgemäß ihre Geschichte. Hm, hm, brummte der Baumhüter. Zum Sonnengott kannst du nicht, aber ich werde dir helfen. Ich rufe den Sonnengott. Wenn er nicht schläft oder anders beschäftigt ist, wird er sich bald melden. Ein Blitz zuckte vom Himmel und der Sonnengott fragte: „Wer ruft mich und was ist sein Begehr?“ Wieder erzählte die Nebeljule ihre Geschichte. Erst sehr leise und der Sonnengott musste sie auffordern, lauter und deutlicher zu sprechen. Ein kurzes Nicken bestätigte dann, er hatte alles verstanden. „Den Krischan willst du haben und heiraten. Bedenke dann ist deine Unsterblichkeit zu Ende. Du kannst nie mehr Nebel machen, wirst alt werden und irgendwann musst du dann auch sterben. Bedenke recht, aber schnell. Meine Zeit ist kostbar.“ Die Gedanken flogen Nebeljule wie wild durch den Kopf. Keinen Nebel mehr machen, alt werden, sie die Schöne! Aber sie liebte doch diesen Krischan. Ihr Entschluss fiel: „Ich möchte Krischan!“ „Gut, sagte der Sonnengott, so soll es sein. Ich gebe dir erst ein Probejahr. Dann hast du einen Tag, aber nur einen einzigen Tag Gelegenheit zum Weltenbaum zu kommen und zu uns Geistern zurückzukehren. Nur einen Tag in genau einem Jahr. Denk daran!“ Die Nebeljule war nun eine Menschenfrau.

Krischan konnte es die drei Tage kaum aushalten vor Sorgen. Die Stelle im Wald hatte er bald gefunden und nun wollte er auf seine Nebeljule warten. Aber sie saß schon auf einem großen Stein und wartete auf ihn. Sie gingen aufeinander zu und küssten und herzten sich, dass es eine Freude war. Die Hochzeit sollte gleich in der nächsten Woche sein. Viele Neustädter feierten mit ihnen ein schönes Fest. Noch war das erste Jahr nicht vergangen, da schenkte sie ihrem Krischan ein kleines Mädchen. Es war ein echtes Abbild der Mutter. Die Nebeljule vergaß in ihrem Glück den Tag der möglichen Rückkehr. Nach einiger Zeit waren sie nicht mehr zu dritt, sondern fünf Menschen saßen am Tisch. Nebeljule erzählte ihrem Krischan ganz überglücklich, dass sie den Tag ganz vergessen hatte. Wieder küssten und herzten sie sich. Viele Jahre waren sie glücklich bis ins hohe Alter miteinander verbunden. Der Sonnengott aber schnitzte sich eine neue Nebeljule, denn ganz ohne Nebel geht es nun doch nicht auf der Erde.

Die neue Brücke und der Eldegrapsch

Im Kiez hatte der Burgvogt seine Bediensteten und auch die Bürger von Neustadt zu einer Beratung gerufen und ihnen mitgeteilt: „Jeder von euch kennt den Zustand der Eldebrücke. Die Bretter sind verfault, die Balken und Pfeiler morsch. Eine neue Brücke muss her, dies hat auch unser Herr Graf erlaubt. Lasst uns nun ans Werk gehen. Jeder muss in der Woche einen Tag für die Brücke arbeiten. Mein Küchenmeister wird alles überwachen und notieren. Wer nicht arbeitet zahlt je Tag zwei Schilling." Gesagt, getan. Zimmermann Jan Botefür sollte die Arbeiten fachmännisch anleiten.
Ein Problem tat sich auf. Unter der alten morschen Brücke befand sich das Reich des Eldegrapsch, den durfte man nicht ärgern. Geschah das, rief der Eldegrapsch seine Bediensteten und das Wasser brodelte, es wurde ringsherum stürmisch. Selbst der Mond wollte dies nicht mit ansehen und er zog sich eine Wolke vors Gesicht. Die Leute beratschlagten und keiner wusste so recht, wie man mit dem Eldegrapsch ins Gespräch kommen und gar die neue Brücke erklären sollte. Einer rief: „Fragen wir doch den Burgvogt, vielleicht hat der eine Idee." Das war gut, alle stürmten auf die Burg und brachten dem Vogt das Anliegen vor. Diese Diskussionen kamen auch beim Burgfräulein an. Sie ging zu ihrem Vater, tippte ihn an die Schulter und flüsterte: „Lass mich mit dem Eldegrapsch reden. Ich wollte ihn schon immer mal sehen und Angst habe ich auch nicht vor ihm." Der Vogt überlegte, denn wenn seine Tochter sich etwas in den Kopf gesetzt hatte war sie wie er selbst. Sie setzte es durch. Also verkündete er stolz und mit mächtiger Stimme: „Meine Tochter wird mit dem Grapsch reden und für uns diese leidliche Sache aus der Welt schaffen." Na, das war doch eine gute Idee, meinten die Leute aus Neustadt und gingen zufrieden nach Hause. Sollte die Obrigkeit es doch selbst klären.
Die Nacht war schon angebrochen und der Mond hing über dem Wehrgang der Burg. Warm angezogen, um sich nicht zu erkälten, marschierte das Burgfräulein mutig und schnell los. Je näher sie der alten Brücke kam, je langsamer wurde sie und die Angst überkam sie. An der Brücke angekommen rief sie laut: „Eldegrapsch, ich bin es, das Burgfräulein. Ich habe dir etwas zu sagen." Zuerst rührte sich nichts, dann spritzte das Wasser mit einer Fontäne auf, sogar ihr Mantel und auch die Nase bekamen Spritzer ab. Vor ihr im Fluss sah sie den Eldegrapsch. „Was

störst du mich, haben die Menschen nun schon keine Angst mehr vor mir, dem Herrscher der Elde?“ „Ich, ich muss, muss dir etwas sagen“, kam es ganz kläglich über die Lippen des jungen Mädchens. Da stieg der Grapsch aus dem Wasser und ein großer, breitschultriger Mann mit stahlblauen stechenden Augen stand vor ihr. Die Haare waren unter Algen versteckt, am ganzen Körper saßen verstreut Muscheln und Schnecken. Auf dem Arm trug er einen stattlichen Wels, so, wie sie immer ihr Schoßhündchen trug. Der Wels wiegte seinen Kopf nach links und rechts, besah sich das Mädchen und fragte dann mit recht menschlicher Stimme: „Wollen wir sie mit in unser Reich nehmen? Grapsch du brauchst schon lange eine Frau in deinem Haus.“ Flugs hielt der ihm das Maul zu und fuhr ihn barsch an: „Du sollst dein Maul halten, wenn ich mich mit anderen Leuten unterhalte.“ Trotz allem klatschte der Wels vor Freude oder Zorn, das konnte das Mädchen nicht erkennen, mit der Schwanzflosse laut auf den Bauch des Grapsches. Das Mädchen erschrak und ging automatisch einen Schritt zurück. „Was also willst du mir sagen“, fragte der Eldegrapsch erneut. Immer noch ängstlich kamen die Worte zaghaft über ihre Lippen: „Wir müssen eine neue Brücke bauen weil die alte morsch und faul ist. Sie bricht ja bald zusammen. Ich soll dein Einverständnis für den Bau einholen.“ Als der Grapsch das vernommen hatte, ging er auf das Mädchen zu und berührte sie mit seinen nassen, kalten und glitschigen Händen im Gesicht, an den Haaren und Ohren. Dem Burgfräulein wurde schaurig zumute. „Ich will dich zur Frau, ansonsten zerstöre ich die neue Brücke solange, bis du meine Frau geworden bist.“ Nun war aber guter Rat teuer. Sie sollte mit diesem glitschigen Kerl im Wasser leben. Nein - wie sollte dies auch gehen. Sie eilte aufgelöst zurück. Am Burgtor standen der Vater und der Schulze, um zu vernehmen, was der Grapsch geantwortet hatte. „Da haben wir den Salat“, sagte der Vater, „alles nur wegen deiner Neugier.“ Aber der Burgvogt hatte eine Idee. „Wir fragen die Mädchen in der Neustadt, ob eine den Grapsch heiraten will. Wenn nicht, wird eine davon bestimmt.“ Da ging es hoch her, denn keiner der Herren wollte seine Tochter für den Eldegrapsch opfern. Schon gar nicht die Väter, wie der Kämmerer, deren Töchter bald heiraten konnten. Es wurde lange diskutiert, aber ohne Ergebnis. „Morgen ist auch noch ein Tag“, war das Resultat - bedrückt und zum Teil auch verzweifelt schlichen die Männer nach Hause. Kaum angekommen erzählten sie ihren Frauen und den älteren Kindern diese Geschichte. Auch der Nachtwächter erzählte seiner Frau alles, denn die wollte immer alles haargenau wissen. „Na, dann muss man den Grapsch einfach dazu bringen, freiwillig auf die Maid zu verzichten", meinte sie nur und schickte ihren Mann zur nächtlichen Aufsicht durch die Stadt. Der Nachtwächter war frohen Mutes, er kannte seine Frau, die hatte schon manchen klugen Einfall.

Der nächste Abend kam und beim Mondschein verließ eine Frauengestalt die Burg, hin zur alten Brücke. Dort wurde sie bereits von ihrem Freier erwartet, aber heute erschrak er. Der Wels keckerte: „Wie sieht die denn aus, so eine hässliche Alte in unser schönes Reich?" Das Mädchen antwortete dem Grapsch: „ Ich habe es mir überlegt, mir bleibt nichts anderes übrig. Liebst du mich aber nicht so, wie es mir gefällt, so kannst du dein Unheil erfahren und in die Hölle fahren." Der Grapsch warf den Wels ins Wasser und besah sich die Frau nun aus der Nähe. „Bist du das schöne Mädchen von gestern?" Grau und fahl und gar hässlich sah sie heute aus. „Wieso bist du so verwundert, ich habe fast die ganze Nacht nicht geschlafen, weil ich zu dir ins Wasser ziehen muss. Und du wunderst dich nun über mein Äußeres? Es gibt kein zurück. Los, du heiratest mich, sorgst für mich und wehe wenn mir irgendwas fehlt, dann kannst du was erleben", sagte das Mädchen. Nein, so hatte sich der Grapsch die Sache nicht vorgestellt. Sollte er vielleicht auf sein schönes ruhiges Leben verzichten und dieses hässli-

Die alljährlichen ‚Ritterspiele' ziehen unzählige Schaulustige an.

che Weib noch dazu an dem Hals haben. „Nein“, rief er und sprang in kalte Eldewasser. „Halt, halt“, schrie das Mädchen hinterher, aber der Grapsch war schon weg. Auch an den weiteren zwei Abenden ging das Burgfräulein zur alten Brücke, aber der Grapsch ließ sich nicht mehr blicken. Er war zu einer anderen Brücke umgezogen und wollte dort in Frieden leben. Das Fräulein ging nach Hause, badete ausgiebig und war schön und frisch wie ehedem. Die Bürger der Neustadt waren zufrieden, sie bauten ihre Brücke die lange hielt und lebten in Frieden.

Der Neustädter See und seine Geschichte

Viele Geschichten gibt es vom und um den Neustädter See, die das Interesse an seiner Vergangenheit erhalten.
Neben dem See soll einst das Dorf Glewe gelegen haben; erzählt wird auch von einem Kloster. Das Dorf soll im See versunken sein, aber zu Johanni (24.06.) könne man die Glocken aus dem See heraus läuten hören.
Glewe – ein kleiner Ort – mag wohl gar keine Kirche besessen haben. Aber bewiesen ist gar nichts.

Das Raubschloss

Am Weißen See, so wurde der Neustädter See einst genannt, hausten in einer alten baufälligen Burg Rittersleute. Rechtschaffen waren sie nicht. Sie bewachten ständig die Straße von Neustadt nach Schwerin und von ihrer Behausung aus war das gut möglich. Die Ecke „Seetannen“ war dafür bestens geeignet. Der Blick konnte zur Stadt hin schweifen und zur anderen Seite bis zum Hohen Feld. Sahen sie ein Gespann oder einen Wanderer, der besonders gut gekleidet war, bestiegen sie flugs ihre Pferde und ritten geschwind in die Richtung, die Beute brachte. Sie erpressten oder raubten sogar die letzte Kleidung und auch die Gespanntiere. Mancher Händler saß danach verlassen, mit leeren Wagen und ohne Tiere, am Wegrand. Die Neustädter Bürger beschwerten sich über dieses ruchlose Verhalten bei ihrem Burgvogt, denn Kaufleute kamen immer spärlicher mit ihren Waren zum Handel in die Stadt. Der Burgvogt wiederum sah für sich im Streit mit den Seebrüdern, so

wurden die Rittersleute genannt, keinen Gewinn und führte Beschwerde beim Grafen in Schwerin. Neustadt war weit weg, der Graf hatte anderes im Kopf und so vergingen Monate und manches Jahr – es geschah nichts. Aber die Seebrüder verprassten derweil das erbeutete Geld und ihr Schloss am See verfiel immer mehr.
Eines Tages näherten sich, aus Richtung Wöbbelin kommend, drei Mönche in langen braunen Kutten dem See. Sie kamen aus dem Lüneburgischen gewandert und wollten zu ihren Glaubensbrüdern nach Malchow. Fröhlich sangen sie ihre gottesfürchtigen Lieder und schwangen dabei ihre Wanderstöcke aus Eichenholz. Urplötzlich standen zwei berittene Rittersleute vor ihnen und verlangten von jedem einen Doppelschilling. „Wir sind Bettelmönche und besitzen kein Geld“, antwortete der mittlere Bruder. „Kein Geld - da müsst ihr erst eure Schulden bei uns abarbeiten, oder was habt ihr uns sonst zu bieten“, rief schallend einer der Ritter. „Wir könnten für euer Seelenheil beten“, antwortete einer der Mönche. „Beten“, lachten die Ritter hämisch, zogen ihre Schwerter und trieben die Mönche vor sich her zur Burg. „Unser Abt wird euer Tun gar nicht gern zur Kenntnis nehmen“, versuchte der dritte Mönch einzulenken. Der Ritter hinter ihm meinte, dann könne er ja für euch eine Menge Lösegeld schicken. Dann lassen wir euch wieder frei. Als sie die Burg sahen, machte das verfallene Gebäude keinen einladenden Eindruck auf die drei Mönche. Kaum angekommen wurden sie schon zum Ausmisten des Pferdestalles genötigt. Das war auch wirklich nötig, denn die Pferde mussten schon die Köpfe einziehen wenn sie in den Stall gebracht wurden. Während der Arbeit überlegten und berieten die Mönche, wie es weitergehen könnte. Ignatius, der Längste von den dreien, meinte wir bekommen anderes Wetter. Ja, ja, meinte dann der Kleinste, bei diesem stahlblauen Himmel ahne ich es auch. Wenn meine Knochen so wehtun, dann ist es so. Ich werde euch schon rechtzeitig einen Tipp geben. Ihr betet dann eine Liturgie und ich werde den Rittersleuten was erzählen. Sie arbeiteten bis zum Abend, dann sah der Stall wieder ordentlich aus und selbst die Ritter waren zufrieden. Na also, nur richtig antreiben muss man die faule Bande, dann klappt es auch. Da wandte sich einer der Mönche an einen Ritter und meinte fast nebenbei: „Schade, dass ihr von euer Burg nicht mehr allzu viel haben werdet. Euer gottlosen Leben und Treiben wird sich unser Gott nicht mehr lange mit ansehen. Vielleicht schon Morgen wird über euch ein großes Unwetter hereinbrechen. Die Burg wird beschä-

digt werden und vielleicht trägt auch euer Bruder Leid davon." Der Ritter lachte laut und antwortete: „Wenn du nun denkst ich fall auf die Knie und bete, oder glaube auch nur etwas von dem was du gesagt hast, so irrst du dich. Einen Furz gebe ich darauf", und er ließ den Mönch stehen. Wütend ging der Mönch zu seinen zwei Begleitern und sagte: „Wir müssen selbst ein Gottesgericht über die Ruchlosen hereinbrechen lassen. Lasst uns beraten." Sie wollten als Gottesgericht ein Feuer entscheiden lassen. Gleich neben der Feuerstelle schichteten sie ganz trockenes Holz auf. Kam der Wind von der Feuerstelle her, sollte die Burg brennen; wollte Gott der Herr die Ritter aber nicht so hart bestrafen, ließ er den Wind aus der anderen Richtung blasen und die Burg blieb stehen. Am Morgen, als der erste Mönch wach wurde, sah der düstere Himmel nach Regen und Gewitter aus. Kaum hatte er seine beiden Freunde geweckt, da schlug auch schon ein riesiger gelber Blitz in den hohen Wachturm ein. Ein Blitz, ein Donnerschlag und alle Leute in der Burg waren wach. Die Knechte und Mägde schrien und liefen wild hin und her, die Schreie der Ritter verhallten ungehört. Die Knechte ließen Pferde und Kühe frei und trieben sie über die morsche Zugbrücke hinaus aus der lichterloh brennenden Burg. Die Mönche nahmen ihre Wanderstöcke und rannten hinterher. Auch die Ritter rannten davon; einer hatte ein paar alte Stiefel in der Hand, der andere einen alten Sattel. Sie sahen hin zum fast abgebrannten Schloss und wussten, hier konnten sie nicht mehr bleiben. Zu Fuß, ohne Rösser machten sie sich eilig davon, aus Angst, dass die Leute aus Neustadt nun Rache für ihre Missetaten nehmen würden. Die Ritter waren verschwunden und die Burg versank langsam in den Fluten. In ganz alten Schriften findet man noch einen Hinweis auf dieses unwirtliche Gemäuer.

Der Burggeist geht um

Arne von Dannenberg war schon lange verstorben und nun gab es in der Stadt das Gerücht, dass auch seine Frau Irmingard verschieden war. Wie dies bei Gerüchten so ist, einer erzählt es so und andere ganz anders. Und es ging das Gerücht um, dass Irmingard, als Geist auf die Burg nach Neustadt zurückgekehrt sei. Dort spuke sie umher, weil sie keine Ruhe fand. Verschiedene Meinungen dazu prallten aufeinander - und die Zeit verging. Die Herren und das Gesinde auf der Burg wechselten; mal wurde stärker über das Gespenst geredet, mal weniger. Ganz in Vergessenheit geriet es nie, aber der Geist von Irmingard soll immer noch um Mitternacht durch die alten Gemäuer der Burg ziehen. Diese waren schon ziemlich alt, marode und zum Teil auch schon verfallen. Der Schweriner Herzog ließ sich auch nicht mehr so oft blicken, wie in den Jahrzehnten zuvor. Das Leben plätscherte dahin, ohne Höhepunkte und Aufregungen. Doch eines Tages kam die Geschichte wieder in Schwung. Neues Leben zog auf der Burg ein, es wurde gebaut und getan. Vieles musste erneuert werden, manches war einfach nicht mehr zu erhalten. Die Keller der Burg waren voller Unrat und Bauschutt; alte Dinge kamen zum Vorschein, wurden begutachtet, aufgehoben oder entsorgt. Eine Tonflasche, eher ein Krug, erregte schließlich etwas mehr Aufmerksamkeit. Mit etwas Kalbsfell war er verschlossen worden und mit einem Lederband verschnürt. Aha, sagten sich die Bauleute, das war ein Krug von gehobenen Leuten. Nach dem Öffnen fand man darin eine uralte Pergamentrolle mit blassen, kaum noch lesbaren Schriftzeichen. Beim Entziffern stritten die Kundigen gar heftig über den Text, aber so soll er verfasst worden sein:

Irmingards Frevel als Arnes Frau
Blieb ungesühnt bis zum heutigen Tag.
Dem Geist bleibt verschlossen das Himmelsblau.
Nur das Finstre der Nacht und Müh und Plag
sind sein Los, bis zum Erlösertag.

Erlöst kann sie jedoch nur sein,
wenn Irmingard neu dort waltet,
wenn ihre Arbeit nicht hohler Schein,
wenn neues Leben auf der Burg sich entfaltet,
wenn sie es ist, die Ideen gestaltet.
Der Bann wird gebrochen,
die Schuld ist vergeben,
die Seele hat Frieden
für jenseitiges Leben.

Nun wurde in Neustadt wieder lang und heftig diskutiert. Ohne Erfolg, denn es gab wieder zwei Meinungslager. Warum sollte Burggeist Irmingard erlöst werden und nicht mehr zu mitternächtlicher Stunde durch die Burg schweben? Bisher war ein Burggeist doch ganz nützlich und hatte niemandem geschadet. Man diskutierte lange bei Bier und Wein, aber ein Ergebnis kam nicht zustande.

Das Königsgefängnis zu Lefnitz*

Zu Lefnitz (jetzt Neustadt genannt),
Dicht an der Elde grünem Strand,
Da stand vor Zeiten eine hohe Veste,
D`rin wohnten gar vornehme Gäste.

Doch war es nicht ihr freier Will`
Daß sie hier saßen hoch und still;
Graf Heinrich von Schwerin, ein tapfrer Ritter,
Der setzte sie hinter das Gitter.

Aus Dänn`mark König Waldemar
Der ält`ste von den Gästen war;
Der brachte Herrn Heinrichs Frauen in Schande,
Da dieser im gelobten Lande.

Herrn Heinrichen das daß verdross,
Zu nehmen Rache er beschloß.
Ein Kleinod will er hin zum König bringen,
Und ihm zugleich ein Verslein singen.

Es merkt der König nicht die List,
Der Graf gar guter Dinge ist.
Er lockt den König fort zum Meeresstrande
Und wirft zur Nachtzeit ihn in Bande.

Und führt ihn fort mit Spott und Hohn,
Dazu des Königs eignen Sohn,
Und lehrt sie Frauen Ehr´ hinführo achten,
Dieweil sie im Gefängnis schmachten.

Drauf ließ er für ein Lösegeld
Sie wiederum in`s freie Feld.
Doch wird man noch in den spätesten Tagen
Vom Königsthurm zu Lefnitz sagen.

Dieses Gedicht wurde im Original aus einer Veröffentlichung von Friedrich Studemund (1848 herausgegeben) übernommen. Der Hintergrund dieses Gedichts beruht auf einer wahren Begebenheit. Graf Heinrich von Schwerin war, begleitet von seinen Mannen, auf einer Kreuzfahrt zum Heiligen Grabe unterwegs. Diese Kreuzfahrten waren damals nichts Außergewöhnliches. Seine Ehefrau war während seiner Abwesenheit unter den Schutz von König Waldemar II. von Dänemark gestellt, der sie zu seinem Willen zwang. Graf Heinrich war nach seiner Rückkehr sehr erbost über diese unedle Tat und setzte den König und seinen Sohn in Gefangenschaft. Er forderte Lösegeld für die beiden Gefangenen; und das Lösegeld wurde gezahlt.

Die Eldeinsel

Es gab Zeiten, das ist geschichtlich bewiesen, da mussten unsere Vorfahren noch extrem mühsam für ihre Ernährung sorgen. Beeren und Pflanzen sammeln und Jagen waren die wichtigsten Tätigkeiten um überleben zu können. Riesen und Drachen soll es auch gegeben haben.
Auf der Eldeinsel lebten schon einige Menschen und einer fiel durch seine geschickten Hände auf. Aus Feuersteinen fertigte er Speerspitzen, auch Schaber und Beile an. Zuerst kamen die anderen Männer und holten sich Rat, später begann die Arbeitsteilung. Sie brachten die gefundenen Feuersteine zu ihm und er fertigte daraus Werkzeuge für sie. Die Männer gaben ihm dafür Essen und Kleidung. Es sprach sich bis zu den Riesen, die auf der anderen Seite der Lewitz wohnten herum was hier für ein geschickter Mann lebte. Solche feinen Speerspitzen konnten auch die Riesen gebrauchen. Sie hatten beschlossen einen los zu schicken, um das benötigte Werkzeug einzutauschen. Diese Kunde sprach sich auf der Eldeinsel schnell herum. Immerhin sollen die Füße der Riesen drei Ellen groß gewesen sein.
Im Dorf hielt man Rat und beschloss, dem Riesen einige Krieger – etwa eine Handvoll – entgegen zu schicken. Die bewaffneten Männer gingen

dem Riesen auch entgegen und dort, wo heute der See liegt, trafen sie aufeinander. Die Krieger tobten und brüllten, weil sie den Riesen nicht ins Dorf lassen wollten. Während der langsam denkende Riese versuchte die Situation zu begreifen, trampelte er von einem Fuß auf den anderen. Dabei gab die Erde immer wieder nach, Stück für Stück sackte er tiefer und langsam wurden seine Füße nass vom Grundwasser. Mühsam erklomm der Riese den Rand des entstandenen Loches und wälzte sich heraus. Die Krieger schauten gespannt auf den Riesen und warteten, was nun geschehen würde. Brüllend hob der die Hand und verschwand in Richtung seiner heimatlichen Behausung. Die Krieger staunten, sie hatten den Riesen vertrieben! Vor ihren Augen füllte sich nun das Loch mit Wasser und es entstand ein richtiger See. Bald siedelten sich auch die ersten Fische an. Am Nordufer aber waren noch viele, viele Jahre die riesigen Fußabdrücke vom Riesen zu sehen. Inzwischen sind sie längst vom Schilf überwachsen.

Wie das Leben in den See kam

Es dauerte allerdings einige Zeit, bis sich die damaligen Bewohner der Region an den neuen See gewöhnt hatten. Allerdings, so meinten sie, so richtig sei es mit dem Leben im und am See noch nicht bestellt. Es fehlten die Elfen, der Wassermann und so allerlei Geister, die einen See erst richtig lebendig machen. Selbst der Wassermann der Elde wusste keinen Rat, aber der Eldegrapsch meinte, der Oberwassermann vom Schweriner See hätte bestimmt eine Lösung.
Der Elde Wassermann wurde nun nach Schwerin beordert, um dort das Anliegen vorzutragen. Schwerin war weit und dort wusste noch keiner von einem neuen See. Das Anliegen muss dann so deutlich vorgetragen worden sein, dass man Hilfe für den Sommer versprach. Bis Johanni sollte das Problem gelöst sein.
Zur Sonnenwendfeier, ein Hirsch garte schon am Spieß und die Feier war in vollem Gange, da kam – oh Wunder – ein ganzer Zug mit Wassergeistern und Gefolge in Neustadt an. Wie sollte man nun in den See gelangen? Über Land ging das wirklich nicht. Der Eldegrapsch und sein Vetter, der Waldschrat, hatten eine Rotte Wildschweine beauftragt einen kleinen Graben von der Elde bis zum See zu wühlen. In diesem kleinen Rinnsal konnte nun der Zug den See erreichen. Alle waren fest-

lich gekleidet: Der Wassermann mit schönen Muscheln aus dem Schweriner See und Posthornschnecken um die Hüfte; die Elfen mit Röckchen aus Schwanenfedern und Blumenkränzen mit Blüten der Sumpfdotterblume; Schrate und Gnome mit Krebsschalen und Gelben Wasserschwertlilien; die kleinen Wurzelmännchen mit hellgrünen Farnwedeln; die drei Wassernixen trugen hauchdünne Gewänder aus grünen Fadenalgen und die roten Haare zierten weiße Seerosenblüten. Es war ein schöner Zug, der aber den Menschen Angst machte. Sie gingen lieber zu ihrem Feuer zurück, das kannten sie und das konnten sie auch beherrschen.
Der See war nun komplett ausgestattet. An ganz lauen Sommerabenden, wenn man still am Ufer sitzt, kann man seine Bewohner auch hören. Bei ganz großem Glück kann man sie auch sehen – aber ganz, ganz still muss man dabei sein.

Der Scharfrichterknecht

Scharfrichter und ihre Helfer (Henker, Helfer und Scharfrichterknechte) galten in der Bevölkerung als unreine Personen von denen man sich fern hielt. Sofern man nicht selbst etwas Ungerechtes in Betracht zog.
Einst zog ein arbeitsloser Scharfrichterknecht durchs Land und suchte nach Gelegenheitsarbeiten. Er verstand sich auf allerlei Hokuspokus und kurierte, wenn es sein musste auch Mensch und Vieh. Dazu gehörten auch die Arbeiten der Abdeckerei und vieles mehr, die den Bauern manche Kosten ersparten.
So traf er in Redefin zufällig Kuhhirt und Schäfer, für die er besonders geeignet erschien. Die Beiden hatten aus einer ganz sicheren Quelle von einem Schatz gehört, der in der Feldmark vergraben sein sollte. Beim Heben des vergrabenen Gutes war man mit den magischen Kräften, die man Scharfrichtern zusprach, gut beraten. Sie boten dem Scharfrichterknecht für die Mithilfe 24 Taler im voraus an, das war viel Geld. Dafür wollte er sich beteiligen, zumal die Schatzsuche in seinem Beisein garantiert erfolgreich sein sollte. Sie übergaben das Geld und verabredeten sich zum Treffen beim Glockenläuten um Mitternacht. Der Knecht dachte aber ganz anders und bei Anbruch der Dunkelheit verschwand er eilig mit den 24 Talern. Auch für die beiden Hirten war der Verlust groß und sie verfolgten ihn bis Neustadt Glewe. Nun hatten

sie ihn endlich wieder. Der erschrockene Knecht versprach auch sofort, die Taler aus der Herberge zu holen und sie auszuhändigen. Er stürmte los und die Hirten blieben am Treffpunkt sitzen; sie waren aus der ersten Flucht nicht schlau geworden und warteten nun einige Stunden vergebens. Diesmal war der Scharfrichterknecht auf schnellstem Wege und für immer mit dem Geld aus Neustadt Glewe geflohen.

Kinderspiele

Früher, so erzählte man es in Neustadt, wurde hier oft Frau Waur mit ihren 12 Hunden nachgespielt. Ein Kind war Frau Waur und es war so nach Zigeunerart verkleidet, bunt und mit vielen Flicken. Auch der Kopf war immer umwickelt und das Gesicht kaum zu erkennen; diese Gestalt sah immer gruselig aus. Frau Waur hatte auch einen Stock und wenn die Hunde im Spiel nicht folgten, gab es Schläge. Die 12 ‚Hunde', gespielt von anderen Kindern, waren immer in ihrer Nähe. Andere Kinder, die nicht mitspielen konnten, rannten mit Geschrei „Frau Waur kommt" davon - und Frau Waur mit Hunden hinterher. Diese Kinder wurden einzeln von den Hunden eingefangen und an eine Stelle gebracht, bis alle eingefangen waren. Gespielt wurde meist bis zum Beginn der Abendzeit oder eben Dämmerung.

Peckatel

Die Unterirdischen

Drei Hügel erhoben sich früher unweit des Dorfes Peckatel. In einem der Hügel, er wurde Rummelsberg genannt, sollen auch Unterirdische gewohnt haben. Zu gewissen Zeiten kamen sie an die Erdoberfläche und tranken und speisten an einer steinernen Tafel. Den Kessel und die weiteren Gerätschaften borgten sie sich immer aus den nahe liegenden Häusern. Das Getränk zu diesem Mahl soll in einem kostbaren Wagen um den Tisch herumgefahren worden sein. Ein Junge aus dem Dorf sah die Tafel, alles war zierlich gedeckt. Er nahm davon einfach ein Messer, manchmal wird auch von einer Gabel berichtet, mit. Wegen diesem Diebstahl konnte die Tafel nun nicht wieder im Erdreich versinken. Als

1596 wird eine Kirche in Protokollen genannt – in einer Niederschrift von 1541 noch nicht – der heutiger Bau um 1721.

der Vater von diesem Vorfall hörte, gab es nur eins: das Messer kommt sofort auf den Tisch zurück. Kaum lag das Messer wieder auf dem steinernen Tisch, versank dieser im Erdreich.
1843 wurden archäologische Grabungen an einem der drei Hügel durchgeführt. Man fand dort den berühmten „*Peckateler Kultwagen*“. Er ist im Museum für Ur- und Frühgeschichte in Schwerin zu sehen.
1845 wurde auch der Rummelsberg untersucht und das Staunen war groß. Eine Tafel, aus Feldsteinen aufgeschichtet, kam zum Vorschein. Erhielt sich hier eine wahre Begebenheit über viele Jahrhunderte als Sage?

Der Draak in Peckatel

Nicht jedem Bauer ging es allzeit gut. Bauer Johann aus Peckatel konnte davon ein Lied singen. Das Vieh gedieh nicht recht und auch der Ertrag von den Feldern ließ sehr zu wünschen übrig. Er hatte wohl das

Pech gepachtet, es glückte ihm fast nichts. Beim Heimweg auf dem Peckateler Weg von Schwerin in sein Dorf kreuzte er auch diesmal den Pinnower Weg. Dort, auf der Kreuzung, stand ein großer schwarzer Hund. Dessen Augen glühten wie loderndes Feuer. Der Weg war versperrt, es gab kein Vorbei, denn auf der Kreuzung stand der Leibhaftige. Er sprach, ich helfe dir, aber du musst drei Kreuze in meinem Buch machen. Bauer Johann überlegte kurz, denn zu verlieren hatte er nichts. Er machte drei Kreuze und sofort ging es im Leben des Bauern bergauf. Er brauchte nicht mehr zu arbeiten, sein Vieh war glatt und drall. Das Korn auf dem Boden nahm nicht mehr ab, es war immer ausreichend vorhanden. So etwas musste in Peckatel auffallen. So trugen die Nachbarn dem Nachtwächter auf, dem Hof des Bauern Johann ein besonderes Augenmerk zu schenken und alles Besondere sofort zu melden.
Bereits in der ersten Nacht bemerkte der Nachtwächter, wie etwas Großes mit einem schlangenähnlichen Leib und mindestens 10 Schritt lang angeflogen kam. Aus den Geschichten die so erzählt wurden, kannte er dieses Tier. Es konnte nur ein Draak sein. Dem Dorfschulzen davon erzählen – nein, das wollte der Nachtwächter vorerst nicht. Also blieb er immer schön wachsam und beobachtete weiter. Der Nachtwächter hatte nämlich seinen eigenen Vorteil im Sinn. Er lag nun immer in der Nähe von Bauer Johann auf der Lauer. Der Draak kam wieder angeflogen, flugs ließ der Nachtwächter die Hosen herunter und zeigte dem Draak sein Hinterteil. Der erschrak und ließ die gesamte Fuhre Hafer, so etwa 20 Zentner sollen es gewesen sein, fallen. Nachdem er den Hafer für sich beiseite gebracht hatte, meldete er diese Begegnung dem Schulzen. Die Bauern wussten wie man einen Draak überlisten konnte. Beim nächsten Anflug warteten sie, bis er durchs Eulenloch in das Haus von Bauer Johann geflogen war. Schnell wurde nun das Vorderrad eines Wagens gedreht und der Draak war im Haus festgebannt. Der Draak entwickelte darin so eine Hitze, dass dem Vieh Angst wurde und es wild zu brüllen anfing. Es dampfte und das Dach begann zu glimmen. Der Bauer Johann wollte noch löschen, doch es war zu spät. In den Flammen kamen er und seine Frau um. Der Teufel hatte sich gleich zwei Seelen auf einmal geholt. Der Draak wurde seitdem nie mehr in Peckatel gesehen.

Der Riesenstein

Auch zwischen Peckatel und Pinnow sollen einst Riesen gewohnt haben. Ihre Nachbarn wohnten im Stahlberg bei Crivitz. Gegenseitig waren sie sich wohl gesonnen.
Der eine pflügte bei Peckatel mit seinem Vieh den Acker, der andere in Crivitz. Dem Peckateler ging der Pflug entzwei und er brachte nichts mehr fertig. Dieses Leid klagte er seinen Nachbarn. Der antwortete nur: „Wenn ich das gewusst hätte, hätte ich dir wohl einen Stein zum Festklopfen hinübergeschleudert."
Am nächsten Morgen schleuderte er dann mit seiner Peitsche einen Stein zum Festklopfen hinüber. Dieser Stein wurde später gesprengt und davon wurde die gesamte Brücke im Steinfelder Holz gebaut. Der Stein muss also eine gehörige Größe gehabt haben.
Am Wegrand von Pinnow nach Peckatel lag früher ein großer Stein mit dem Abdruck einer Hand. Dieser Abdruck soll von einem Riesen des Stahlberges stammen, den er beim Werfen des Steines hinterlassen hat. Das Grab dieses Riesen wäre im Umkreis von fünf Meilen zu finden - wird erzählt. Der Sage nach liegt er mit einem goldenen Schwert in einem goldenen Sarg.

Der Nachtwächter

Manch einer hat den dritten Blick und andere beobachten nur ihre Umwelt ganz genau. So wurde immer wieder erzählt, dass in dem kleine Ort Peckatel Sterbende schon am Vorabend oder in der Nacht vor ihrem Tode auf den Friedhof gesehen wurden. Sie sollen dort umherwandeln und sich ihr zukünftiges Grab anschauen. Der Nachtwächter des Ortes will dies selbst gesehen haben und so wusste er immer als erster, wer aus dem Dorf demnächst sterben würde.

Unterirdische Gastfreundschaft

Zum Bierbrauen holten sich die Unterirdischen von Peckatel meist den Kessel aus dem Hause Ziercke. Sie hatten wohl ein größeres Anwesen und damit auch einen brauchbaren Kessel. Die Unterirdischen brachten ihn auch jedes Mal blank gescheuert wieder zurück. Die Knechte waren einmal auf dem Acker ihres Herrn bei der Arbeit und einer schnupperte den Geruch von frisch gebackenem Brot. Der Appetit darauf war sofort da und er erzählte es auch dem zweiten Knecht. Es riecht so gut nach Brot, da würde ich gleich mal reinbeißen. Am Ende des Ackers angekommen drehten sie um, damit sie nun wieder längs ihre Furchen ziehen konnten. Genau vor ihnen stand dort ein kleiner fein gedeckter Tisch mit Brot, Butter und Milch. Beide setzten sich sofort und nahmen die unerwartete Mahlzeit zu sich. Einer von beiden hat aber danach ganz heimlich ein kleines Messer gestohlen und zugeklappt in seiner Hosentasche versteckt. Sie kehrten zu ihrer Arbeit zurück und das kleine wundersame Tischlein verschwand wieder so schnell wie es vorher aufgetaucht war. Dem Knecht brachte das gestohlene Messer kein Glück. Obwohl es zuklappt in seiner Hose steckte, fuhr es ihm ins Bein. An dieser Wunde ist er wenige Tage später verstorben.

Kegelgräber

Unweit von Peckatel entfernt liegen drei Kegelgräber, recht nahe beieinander in der Feldmark. Das größte dieser Kegelgräber soll noch unberührt sein, die beiden Kleineren wurden aufgegraben.
Hier, im größeren Kegel, dem Rummelsberg, wohnten auch die Unterirdischen. Sie vertauschten zuweilen eines ihrer neugeborenen Kinder mit einem aus dem Dorf. Ein ausgetauschtes Kind gab es wieder einmal in Peckatel. Wie immer wuchs und gedieh es nicht, es wurde nicht wesentlich größer und auch nicht kräftiger. Das Kind bat seine Ziehmutter, es doch mal auszuführen, da dies noch nie geschehen wäre. Die Bauersfrau nahm ein Hühnerei, zerschlug es und richtete es an, wie es ein Bauer zu tun pflegt.
Als das Kind dies sah, sprach es: „Ich bin so alt wie Böhmer Gold, aber so was habe ich mein Lebtag noch nicht gesehen.“ Die Frau nahm das Kind und verprügelte es gar heftig. Das war der Grund, dass die Unterirdischen ihr Kind wieder zurückholten und in der Folgezeit auch kein weiteres austauschten.

Toter Ochse behext

Einem Bauern in Peckatel war der Ochse gestorben. Nun kam der Schinder und wollte ihn holen. Es dauerte und dauerte bis er ihn endlich aus dem Stall hatte. An der Feldscheide, wo die Grenze des Bauernhofes lag, dasselbe. Der Wagen mit dem Ochsen drauf rollte nicht über die Grenze hinweg. Der Bauer hatte den Ochsen verhext.
Dem Schinder wurde es schließlich zuviel und er sagte: „Warte, du Aasstück, machst du mir heute einen Streich, morgen mache ich dir einen."
Danach zog er den Ochsen vom Wagen und fuhr geradewegs nach Hause.
Die Leute aus dem Dorf, die am nächsten Tag an dieser Stelle vorbei kamen, sahen etwas Seltsames. Der Bauer soll auf dem Ochsen gesessen und sich mit einem Zugmesser Streifen aus dem Fleisch des Ochsen geschnitten haben. Diese Stücke habe er gleich roh gegessen.

Waul wütete oft

Der Waul, das Gegenstück zu Frau Waur, wütete oft in Peckatel. Zu der Zeit lebte im Ort auch ein Schäferknecht und der wollte dem Waul eins auswischen. Mit viel Getöse zog der Waul wieder einmal mit seinem gesamten Gefolge übers Dorf. Der Schäfer stellte sich einfach hin und jankerte mit, so, als ob er auch zum Gefolge des Waul gehörte. Dieser ließ sich aber von dessen Gebaren gar nicht stören, sondern warf ihm eine Menschenkeule zu. Doch statt diese aufzuessen, wie es ihm geheißen wurde, vergrub er die Keule im Garten. Das war aber völlig verkehrt, drei Tage später war der Schäferknecht tot.

Plate

Hund und Katze auf dem Burghügel

In Plate stand einst eine wendische Burg. Der genaue Standort soll der Pfarrgarten sein, hier ist auch ein großer Hügel vorhanden. Ringsherum findet der Eingeweihte auch noch Gräben und Spuren davon. Nachts

Hubbrücke am Störkanal in Plate – Treffen sich Hund und Katz vielleicht an dieser Stelle?

soll aus dieser Stelle eine schneeweiße Katze kriechen. Genau fünf vor Zwölf und sie sitzt dann bis Mitternacht ganz still da. Genau zu diesem Zeitpunkt kriecht ein großer schwarzer Hund aus der Stör, steigt an Land und geht zum Kätzchen. Diese läuft weg und der Hund hinterher. So sollen sie sich bis Klock eins jagen. Dann ist alles vorbei und die beiden Tiere sind wieder verschwunden.

Der Sage nach ist der Hund ein Ritter der einst das Burgfräulein, die Katze, gar sehr liebte. Eines Tages eroberten die Dänen diese Burg und das Burgfräulein wurde unter den Trümmern begraben. Der Ritter soll sich damals vor lauter Gram in die Fluten der Stör gestürzt haben.

Ein Brand und seine Folgen

Ein großer Brand nach dem Dreißigjährigen Kriege soll Plate einst vollständig zerstört haben. Alle Häuser seien niedergebrannt, heißt es. Auslöser für diese Feuersbrunst war die Unachtsamkeit einer Bäuerin. Sie soll nach dem abendlichen Kochen die Glut nicht gelöscht haben, was eigentlich Vorschrift war. So entzündete sich die Glut noch einmal

und die Flammen müssen hoch geschlagen sein. Erst steckten sie den Bauernhof, dann die Scheune und zuletzt das ganze Dorf an. Es soll gar schrecklich gewesen sein. Drei Bauern zogen aus der engen Bauweise in den damaligen Dörfern ihre Schlussfolgerungen und bauten ihre neuen Höfe nun außerhalb der Ortschaft. Die anderen Bewohner des Ortes erbosten sich darüber und nannten das ganze „Schawernack" (Schabernack).
In den Niederschriften des Herzoglichen Archivs findet man keinen Hinweis auf einen Brand dieser Größe. `Nach dem Dreißigjährigen Krieg` ist allerding ein sehr weit gefasster Zeiraum. 1874 brannte der Kirchturm zu Plate ab, zum Glück nur er und nicht das ganze Dorf.

Quartier für Frau Waur

Abends sagte der Bauer zu seiner Frau sie solle nur nicht vergessen, das Tor abzuschließen. Sonst würde vielleicht Frau Waur auf unerwünschten Besuch kommen. Kaum hatte er es ausgesprochen, hörten sie schon eine Stimme sagen: „Ich bin schon hier." Frau Waur hatte sich mit ihren großen Hunden bereits hinter die offene Tür gelegt. Niemand von den Bauersleuten hatte mitbekommen, wie Frau Waur ins Haus kam. Aber am nächsten Morgen, noch bevor die Sonne am Horizont aufging, war sie wieder weg. Am Tag hat sie niemand zu spüren bekommen. Nur nachts tobte sie durch den Ort und wenn sie eine offene Tür fand, ließ sie sich nieder.

Otternbruch oder Adderbrauk

Die Zeit der umherschwadronierenden Franzosen muss wohl mehr schaurig gewesen sein. Alles, was nicht Niet- und Nagelfest war, nahmen die Franzosen mit. Wer etwas nicht gleich freiwillig geben wollte, bezahlte dies meist noch mit seinem Leben. Also verschwand man aus dem Dorf wenn bemerkt wurde, dass wieder mal Franzosen im Anmarsch waren. Ein gutes Versteck war südlich des Dorfes, dort lag ein dichter schwer zugänglicher Busch. Mit dem notwendigsten Hab und Gut und Vieh verkroch man sich an dieser Stelle. Sie wurde Adderbrauk genannt, weil es da viele Schlangen gegeben haben soll. Vor-

Frühlingserwachen in der Lewitz

nehmlich sollen es sogar Kreuzottern gewesen sein, deshalb Otternbruch. Manchmal musste man viele Wochen hier ausharren, bis wieder Frieden im Dorf und in der Umgebung eingezogen war. In der Überlieferung heißt es auch, dass in dieser Zeit sogar ein Kind im Bruch geboren wurde. Ein leeres Dorf war selbst den Franzosen nicht geheuer. Sie lagerten deshalb westlich vom Dorf auf einem freien Gelände. Es wurde später als Franzosengrund bezeichnet und wird bis heut so genannt. Aus dieser Zeit stammen auch Münzfunde, die auf das Lager der französischen Soldaten hinweisen.

Der Holunderbusch

In den Wiesen von Plate stand einst zwischen dem Weg nach Consrade und der Stör ein Holunderbusch. Er wuchs schon seit ewigen Zeiten dort und diesem Holunderbusch trauten die Leute nicht. Beim Mähen der Wiese blieb um ihn herum ein großes Stück Land ungenutzt - nur

nicht zu nahe kommen. Zu Johanni, so erzählt man, haben die Leute das Dorf erst gar nicht verlassen.
Die Geschichten über den Busch waren recht gruselig. Ein Knecht hatte gesehen wie einer aus dem Busch herausschaute. Der Leibhaftige soll es gewesen sein.
Ein anderer, der nichts vom Busch wusste, hat sich zur Mittagszeit zum Schlafen darunter gelegt. Er ist nicht mehr aufgewacht. Seit die Autobahn gebaut wurde, gibt es auch den Busch nicht mehr. Er stand ausgerechnet auf der Trassenführung.

Der schwarze Aufhocker

Etwa auf der Hälfte des Weges von Plate nach Schwerin kreuzte sich die Landstraße nach Schwerin mit dem Landweg nahe Consrade. Hier war es in früheren Zeiten nicht ganz geheuer. Die gesamte Strecke war irgendwie verhext. Es gab mehrere Kreuzwege und auch Hügelgräber waren in größerer Anzahl in dieser Gegend vorhanden. Alles Dinge, die den recht abergläubischen Menschen das Fürchten lehrten.
Eines Tages ging schon ziemlich spät der Maler T. von Plate zur Stadt zurück. Am Kreuzwege passierte es dann, auf ihn kam eine Gestalt zu: groß und hager, schwarz gekleidet, lange weiße Zähne und sehr dünne Finger. Sollte er diese Person anreden oder nicht? Er tat es nicht und ging einfach weiter. Kaum hatte er einige Schritte getan, saß das Ding auch schon auf seinem Malerkorb hinten auf den Schultern. Mit großer Anstrengung schleppte er nun alles mit sich fort. Nach etwa vierhundert Metern, an einem weiteren Kreuzweg, bekam er einen Stoß in den Rücken und die Gestalt sprang wieder ab. Er stolperte zwar nach vorn, aber sich im selben Augenblick umzudrehen traute er sich nicht. Er hatte einfach Angst dass, wenn er es tat, sein Kopf samt Genick schief stehen bliebe. Viele Schritte später wagte er es doch rückwärts zusehen, aber der Spuk war vorbei. Schleunigst setzte er seinen Weg fort.

Den Wolf mit der Bibel verjagen

Der Großvater meines Großvaters, einst Schulleiter in Plate, hatte einmal im Nachbardorf eine Predigt zu lesen. Auf dem Rückweg wollte ihm ein Wolf ans Leben und er kletterte in seiner Not auf einen Baum.

Der Wolf sah mit gefletschten Zähnen nach oben – und er überlegte, was er denn noch tun könne. In seiner Not nahm er die Bibel in die Hand und schlug sie vor Aufregung auf und zu. Da zog der Wolf seinen Schwanz ein und schlich davon.

Osterwasser für die Zwerge

Alle 100 Jahre soll sich der Kirchberg in Plate öffnen. Wenn man aber am Ostermorgen, natürlich vor Sonnenaufgang und schweigsam, Osterwasser holt und damit den Berg besprengt, kommen die Zwerge heraus. Die Quelle, aus der das Wasser geschöpft wurde, muss aber jungfräulich sein. Daraus darf noch keiner getrunken oder geschöpft haben. Nur dann kommen die Zwerge mit ihrem ganzen Hofstaat hervor; zuerst der König und die Königin. Dann sind sie alle erlöst. Das darf aber nur jemand machen, der darüber nichts weiß.

Plater Lindwurm

Unweit vom ehemaligen Plater Holz, es stand früher nach Banzkow hin und wurde zwischenzeitlich abgeholzt, stand ein Adebarsbaum. Adebarsbäume - hier war es eine alte Eiche - waren Gehölze, auf denen Störche ein Nest gebaut hatten.
Unter diesem Baum hauste aber ein Lindwurm. Ein weiterer Lindwurm hauste unter einem ebenso krausen Baum in Richtung Mirow. Beide verstanden sich gut und halfen sich bei Gefahr. Passierte dem einen ein Malheur, sprang der andere wie ein Regenbogen hinzu, um zu helfen. Dabei riss er alles nieder, zerriss Mensch und Vieh mit seiner unheimlichen Kraft. Für die Leute der Gegend waren die Lindwürmer eine ständige Gefahr. Die Menschen hatten nun eine Idee und wehrten sich. Während die Lindwürmer schliefen, schichteten sie Holz und Stroh auf sie. Sie steckten beide Haufen gleichzeitig an. Nun war es nicht möglich, dass der eine Lindwurm dem anderen half - und beide verbrannten. Die Menschen konnten seitdem wieder in Frieden leben.

Karkelberg

Gegenden und Orte wo es gruselte gab es viele. Der Karkelberg bei Plate war so eine Gruselstelle: Hier wurden auf der Erde liegende alte Skelette gefunden. Ein Friedhof soll hier einst gewesen sein und eine Kirche habe hier auch gestanden. In diesem Berg ist beides verschwunden. Deshalb heißt der Berg auch heute noch Karkelberg. Die versunkene Kirche soll außen voll vergoldet gewesen sein. Wer ganz still vorbeigeht, hört auch heute noch manchmal Glocken läuten. Man lege sich am besten mit dem Ohr auf die Erde und lauscht, dann hört man sie klingen.

Mit einem Fuhrwerk fuhr eines Nachts ein Bauer aus Plate an diesem Berg vorbei. Gestalten kamen ihm entgegen. Voran einer mit einem weißen Gewand und ein großes Kreuz tragend. Die restlichen Leute kannte er auch nicht. Aber sie hatten sehr alte Gewänder an, die man zu seiner Zeit nicht mehr trug. Als der Zug am Berg ankam verschwand er darin. Nur das Läuten der Glocken war noch zu hören. Am nächsten Morgen dachte sich der Bauer, er müsste zu dieser Stelle fahren und nachsehen. Aber von alledem war nichts mehr zu sehen oder gar zu hören.

Der Hase im Brunnen

Auf einem Bauernhof in Plate, soll einmal ein dreibeiniger Hase im Brunnen gesessen haben. Zu Neujahr schossen sie immer über den Brunnen hinweg, damit er ihnen nicht das Wasser verdarb. Dann trafen sich die Plater am Karkberg, um das Pfingstfest zu feiern. In nächster Nähe sahen sie nun den dreibeinigen Hasen auf und ab hoppeln. Die Bauern wollten ihn vertreiben, aber es gelang nicht. Da wussten sie, das war der Hexenhase. Er verdarb ihnen die Feier und alle gingen ganz still nach Hause.

Der Küster von Plate sagte später zu seinen Schülern: Der Blocksberg, das ist ein Vergnügungsort, dort gibt es eine Wirtschaft. Hexen reiten da doch nicht hin.

Schwarze Hühner

Wir alle wissen, dass manche Menschen mehr können, als normale sterbliche. In Plate hat eine Frau auch was gekonnt. Dann ist sie tot geblieben und zu ihrer Beerdigung sangen die Jungen am Grab. Plötzlich waren viele schwarze Hühner da und kakelten umher. Vorher war da kein Huhn zu sehen.

Der Freischütz

In Plate soll es einen Mann gegeben haben, der wollte gern Freischütz werden. Eine Alte, so hörte er, könne ihm bei seinem Vorhaben helfen. Ihr Rat lautete: „Die Oblate vom Heiligen Abendmahl solle er nicht essen, sondern im Mund behalten und sie später an einem Eichbaum heften. Zwölf Uhr mittags müsse er dann auf sie als Zielscheibe schießen.“ Gesagt, getan. Er traf und aus der Einschussöffnung tropfte Blut. Er ließ sich davon nicht beeindrucken, denn er wollte ja in Zukunft alles treffen was ihm beliebte. Ein Freund, der ihn besuchte, wollte ihn zur Jagd überreden. Doch der Freischütz hielt nur sein Gewehr aus dem Fenster und schoss in die Luft. Zu seinem Freund sagte er, geh Richtung Sukow. Auf der Wegscheide wirst du einen zweiundzwanzigender Hirsch finden. Den habe ich gerade geschossen, meinte er voller Stolz. Der Freund ging hin und tatsächlich lag dort der Hirsch.
Der Freischütz wurde alt, aber er konnte nicht in Ruhe sterben. Er hatte einst auf den Leib Christi geschossen. Vor dem Teufel grauste ihm gar sehr. Große Schmerzen schüttelten seinen Körper und ließen ihn fast wahnsinnig werden. Er nahm seine Flinte vom Haken und schoss in die Decke. Dabei sprach er den Wunsch aus: „Den letzten Schuss in mein Herz. So endet das Leben eines Freischütz.“

Licht in der Kirche

In der Plater Kirche sollen vor langer Zeit unheimliche Dinge geschehen sein. Um Mitternacht musste jemand in der Kirche sein, es brannte Licht und es rumorte. Am Tage, wenn sich die Einwohner trauten nachzuschauen, war nichts mehr zu sehen. Nun gafften alle um Mitternacht, wenn das Licht in der Kirche brannte. Aber hingehen wollte zuerst niemand. Dann wurde es den Bauern doch zu bunt und sie kamen überein, gemeinsam in die Kirche zu gehen. Wieder brannte Licht, Geräusche waren zu hören. Da gingen die Bauern gemeinsam hinein, aber es war nichts zu sehen. Nur ein Klingen hörten sie und gesungen wurde auch. Den gottgläubigen Bauern wurde richtig mulmig und sie sahen zu, dass sie alle aus der Kirche kamen. Nur schnell nach Hause. Plate bekam eine neue Kirche und der Spuk zu mitternächtlicher Stunde war vorbei.

Auf dem Bauernhof spukt es

Auf der Bauernstelle des Krischan Ihde in Plate ging nicht alles mit rechten Dingen zu. Ein Hase soll immer hinter dem Schweineverschlag gesessen haben, der so manches Unglück im Dorf verursacht haben soll. Am Heiligabend blieben alle auf dem Hof wach und trauten sich nicht ins Bett. Um Mitternacht ritt dann einer auf den Hof, der war splitternackt. Er ritt bis zur Tränke und soff dort wie ein Pferd Wasser. Auf die Frage, woher er käme, antwortete er: "Aus Sülte." Er wollte nur trinken, sonst nichts und musste so weit reiten, weil er nicht auf jeden Hof gelangen konnte.

Auch im Schulzenhaus spukte es

Der Schulze in Plate hieß Pommerenke und, so sagten es jedenfalls die Leute im Dorf, er war ein sehr geiziger Mann. Selbst auf dem Totenbett verlangte er seine Truhe mit dem Geld, das er in vielen Jahren zusammengegaunert hatte. Er griff nochmals hinein, spürte die kalten Geldstücke und flüsterte: „Das ist alles meins." Damit nahm er Abschied von dieser Welt.

Noch am Abend seiner Beerdigung geschahen merkwürdige Dinge im Schulzenhaus. Die Türen klappten, die Schränke im Herrenzimmer öffneten und schlossen sich, gerade so wie zu Lebzeiten des Hausherrn. Auch Pferdegetrappel war zu hören und wie der Reiter fluchte. Es war sehr unheimlich, aber der Spuk dauerte nicht allzu lange. Schnell war die Geldkiste leer, und seitdem ist wieder Ruhe im Haus.

Schatz im Radelsberg

Hügelgräber* gab es in unserer Lewitzregion in früheren Zeiten sehr viele. Manche wurde ausgegraben und später eingeebnet. Einige sind noch als Zeugen längst vergangener Zeiten erhalten. Der Radelsberg bei Plate war auch ein Hügelgrab, wie der Rummelsberg bei Peckatel. 1843 wurde letzterer ausgegraben und dabei wurde der weithin bekannte „Peckateler Kultwagen" gefunden.
Am Radelsberg bei Plate brennt am 24. Juni, also zu Johanni, ein Goldfeuer. Einige Leute haben es schon brennen sehen, wird berichtet. Wollten sie es anderen zeigen oder mit Worten darauf aufmerksam machen war es weg. An dieser Stelle soll ebenfalls ein großer Schatz liegen. Er gehörte einer Prinzessin die bereits mit 18 Jahren verstarb, an dieser Stelle soll ihr Grab liegen. Ältere sagten immer, die Leute sollen nicht reden sondern etwas tun. Das Beste wäre doch, den Berg in die Wiesen abzufahren, dann müsste der Schatz doch von ganz allein zu Tage kommen.
**Es wird auch berichtet, dass eins der Hügelgräber früher als Blocksberg bezeichnet wurde. Die Hügelgräber im Raum Plate sind inzwischen eingeebnet worden, aber die Erinnerung bleibt.*

Mann kann sich in einen Hasen verwandeln

In Plate lebte einst ein Mann, der konnte sich bei Bedarf in einen Hasen verwandeln. Besonders gern tat er das, wenn die Frauen zur Arbeit aufs Feld gingen. Er hoppelte ihnen hinterher und hörte gern bei ihren Gesprächen zu. Abends, wenn seine Frau vom Feld kam und ihm den neuesten Klatsch erzählen wollte, wusste er längst alles.

Ein Blick lässt stolpern

Auch in Plate gab es einen Mann, der mehr konnte, als nur mit zwei Augen sehen. Der Büdner soll das siebente Buch Moses besessen haben. Beliebt war er im Dorf nicht, am liebsten ging man ihm aus dem Weg. Wenn aber etwas in Haus und Hof nicht stimmte, dann eilte man zu ihm und holte sich Rat.

Eine ältere Frau hatte im Dorf etwas zu erledigen und musste an der besagten Büdnerei vorbei. Sie wollte aber keinen Umweg machen und nahm zum Schutz ihren Enkel an die Hand. In Höhe der Büdnerei stolperte die Frau plötzlich und wäre beinahe hingefallen. Zufällig blickte sie zur Büdnerei. Dort stand der Mann in der Tür und lächelte. Sie drehte sich schnell um und ging flugs nach Hause. Gesagt hat sie aber nichts.

Raben Steinfeld

Die goldene Wiege

Bei Raben Steinfeld entsprang die Stör aus dem Schweriner See. Alles war noch versumpft, Brücken gab es nicht. Wer die Ufer wechseln wollte suchte sich eine seichte Stelle oder nutzte eine der wenigen Fähren. Eine gab es bei Raben Steinfeld, die ehemalige Gaststätte „Zur Fähre" erinnerte daran.
Unter einer alten knorrigen Eiche, nahe der Fährstelle in Raben Steinfeld, wohnten an einem hohen Ufer Unterirdische. Es ging ihnen gut und der Nachwuchs war sehr zahlreich. Für die Kinder des Königs hatten sie eigens eine goldene Wiege gebaut. Wegen dieser Wiege und des gesamten Goldes waren sie den Nachstellungen durch die Menschen ausgesetzt. Eines Tages war es Ihnen Leid und sie wanderten aus. Sie

Naturidylle am Anfang des Störkanals in Raben Steinfeld

setzten sich ans andere Ufer ab und verschwanden für immer. Die goldene Wiege blieb unter der Eiche zurück, tief in der Erde liegend. Gegraben wurde angeblich schon oft nach ihr, davon zeugen die vielen großen Löcher in dieser Gegend. Gefunden hat sie aber bisher zum Glück noch niemand.

Kühe durch die Wand melken

Auch wenn man nur eine Kuh hat, kann man Milch und Butter im Überfluss haben - wie eine Bäuerin aus Raben Steinfeld. Das konnte aber nun doch nicht mit rechten Dingen zugehen. Bei anderen Bauern hingegen waren morgens einige Kühe wie leer gemolken. Sie gaben keinen Strahl Milch ab. Fenster und Türen waren aber fest verschlossen gewesen! Der Nachtwächter bekam Order, sein besonderes Augenmerk auf die Alte zu lenken. Sie stand unter Verdacht, aber wie das beweisen? Nachts passte er auf, aber nichts geschah. Doch eines Morgens, so kurz vor Sonnenaufgang, sah er die Alte aus ihrer Haustür treten. In einer Hand einen Eimer ging sie flugs zum Nachbarn. An einem Astloch in der Wand des Nachbarn stellte sie ihren Eimer ab. Ins Astloch steckte sie einen Zapfen und begann zu Melken. Mit einem Zapfen, staunte der Nachtwächter, er rannte hin und wollte den Zapfen haben. Doch die Alte biss ihn in die Hand und lief nach Hause. Nun war sie aber erkannt und der Nachtwächter machte beim Dorfschulzen seine Meldung. Die Alte bekam ihre gerechte Strafe. Aber die Wunde in der Hand des Nachtwächters heilte nicht zu, sie wurde immer schlimmer - und daran soll er auch gestorben sein.

Burgen im Schweriner Innensee

Lang, lang ist es her, da ragten aus dem Wasser des Schweriner Sees unweit von Raben Steinfeld bis hin zum Werderholz viele kleine Berge oder Inseln aus dem Wasser. Alle hatten einen Namen und waren auch besiedelt. Ritter wohnten in ihren Burgen auf ihnen und die trieben auch ihr Unwesen in der Umgebung. Sie stritten sich mit fast allen, die ihnen in den Weg kamen. Es war zu der Zeit in der noch Wotan die Welt regierte. Er war ein sehr gütiger Herrscher, denn er hatte mit der bösen Rittersippschaft mehr Geduld als eigentlich nötig gewesen wäre.

Holzflößerei auf dem Störkanal, zum Schweriner See in Richtung Möbelwerke Schwerin (Sammlung Rita Patzke, Schwerin)

Doch das regt dann auch zu Keckheiten an. So kam es, dass der Ritter vom Reiterhorn gar Wotan zum Kampf herausforderte. Mit frechen Spruchen und Flüchen wollte er ihn zum Kampf fordern. Es kam die Walpurgisnacht (vom 30.04. zum 01.05.) und Wotan sammelte sein zahlreiches und kampfstarkes Gefolge um sich. Allesamt zogen von Blitz, Donner und mächtigem Unwetter begleitet über den Schweriner See. Das Wasser türmte sich auf und brodelte. Die Welt und das Wetter über den Ritterburgen war außer Rand und Band geraten und vernichtete alle auf einmal. Zurück blieben nur Untiefen und kleine Hügel, die heute meist unter der Wasseroberfläche liegen. Weißer Berg, Zippenhorn, Bull- und Reiterhorn, sowie Steinhorn und der Große Stein sind heute den Bootskapitänen auf dem Schweriner See ein Begriff und sie wissen genau, wo sie liegen. Für die meisten Menschen rund um den Schweriner See sie sind längst in Vergessenheit geraten.

„Eisbrecher“

Früher war das Eis auf dem Schweriner See viel dicker und der ganze See war zugefroren. Heute ist es ein seltenes Ereignis - aber im Winter 1984 konnte man ohne Angst von Zippendorf nach Kaninchenwerder und retour wandern.

Wenn der See vor langer langer Zeit dick zugefroren war, zog einst der Lindwurm darauf seine Spur. Dann bildete sich ein Riss und das Eis brach auf – so haben die Altvorderen es beschrieben.
(Heute gibt es dafür „Eisbrecher“)

Der hartherzige Gutsherr

Einer der Herren von Pressentin war Gutsherr in Langen Brütz und seine Besitztümer lagen bis nach Raben Steinfeld hin. Seine Hartherzigkeit war bei den Bediensteten bekannt und wurde sehr gefürchtet. Er soll sich sogar einen „Slüter“ gehalten haben, der die Leute auspeitschte, die nach Meinung des Herrn etwas Ungehöriges begangen hatten. Viel war dazu nicht nötig und schon wurde die Peitsche geschwungen. Es hieß er war reich und sparsam, aber Leute nannten es geizig. Er fuhr nie mit der Kutsche durch seine Ländereien, sondern nur in einem einfachen hölzernen Leiterwagen. Damit war er ständig unterwegs, wie auch an diesem Tag. Der Weg war ausgefahren und etwas abschüssig, da gab es einen Ruck und der Wagen stand. Der Kutscher bemühte sich redlich und sprach geduldig mit den Pferden, der Wagen bewegte sich nicht. Der Herr wurde schon ungeduldig und brauste auf. Er schrie den Kutscher von hinten an: „Wenn du nicht besser fahren kannst, dann musst du was mit der Peitsche haben!“ Schon hatte er die Peitsche an sich gerissen und holte zum Schlag aus. Der Kutscher krümmte sich, um die Schläge etwas abzufedern – aber es geschah nichts. Was war denn da los? Vorsichtig schaute der Kutscher nach hinten auf den Wagen. Da lag der Herr, lang ausgestreckt mit verdrehtem Kopf und mausetod auf dem Rücken. Das konnte nur der Teufel getan haben! Plötzlich ruckten die Pferde wieder an und der Wagen setzte sich in Bewegung. Die Trauer der Bediensteten soll sich stark in Grenzen gehalten haben, aber sie sprachen noch lange von diesem Ereignis. Keiner kennt den Namen des Verfassers, aber dieser Spottvers hat sich bis heute gehalten:

Herr von Pressentin,
lebte wie ein Schwein,
hat viel erworben
und ist doch auf dem Leiterwagen verstorben.

Der Kutscher, Bronzestatue im Park von Raben Steinfeld. (Gestalter Jochen Müller, Quedlinburg, 2019)

Der Steinerne Tisch

Am Westufer des Pinnower Sees steht auf Raben Steinfelder Flur ein Tisch aus Stein.

Dieser Steinerne Tisch hat schon viel erlebt und so manche Fantasien angeregt.

An dieser Stelle soll sich einst auch ein junger Schweriner Herzog mit manch junger Dame zum Stelldichein getroffen und viele amouröse Stunden erlebt haben.

Der Großherzog Friedrich Franz I. höchstpersönlich hat um 1830 diesen Tisch aufstellen lassen. Von hier aus hat man einen herrlichen Ausblick über den See und auf den Lindhörn (hier soll vor langer Zeit ein Lindwurm gelegen haben).

An diesem Tisch soll einst auch der Großherzog mit dem Teufel Karten gespielt haben. Es ging wohl heiß her, denn die Tischplatte ist dabei zu Bruch gegangen. Überliefert wurde auch, dass Petermännchen und der Großherzog - oder gar zu dritt mit dem Teufel - manche Stunde beim Kartenspiel zugebracht haben. Es soll dabei kein Wort gefallen sein, berichtete ein Bauer, der dies zu damaliger Zeit beobachtet haben will.

Raduhn

Verborgen bringt Sorgen

In Raduhn hatte einst ein Bauer aus nachbarschaftlicher Gefälligkeit seinen Pferdewagen samt Pferden an die Nachbarin verborgt. Es kam am Tag darauf alles wohlbehalten zurück. Nach einem weiteren Tag starb sein bestes und stärkstes Pferd. Einen Tag später starb das zweite. Da wurde er nicht nur stutzig, sondern traurig und wütend zugleich. Er machte sich auf in die Stadt, zum sogenannten „Hexendoktor". Schnell war die Sache erzählt und Rat eingeholt. „Hast du irgendetwas an Nachbarn verborgt"? war gleich die erste Frage. „Ja, zwei Pferde samt Wagen", kam prompt die Antwort. „Dies ist die Sache des Unglücks", erklärte der Hexendoktor. Der Bauer fuhr nach Hause, griff sich einen guten Stock und ging sofort zur Nachbarin. Er drohte der Alten kräftige Prügel an. Doch sie hat alles wieder ins Lot gebracht und von da an keine schlimmen Sachen mehr mit dem Bauern veranstaltet.
Unweit des Dorfes hatten die Hexen auch ihren festen Treffpunkt zum Tanzen und Klönen. Die Einwohner nannten diese Stelle den Hexenplatz und diese Bezeichnung ist auch heute noch lebendig.

Die weiße Gestalt

Früher gingen die jungen Mädchen meistens zum Bauern in Stellung. Beim Bauer in Zieslübbe arbeitete eine aus Raduhn als Dienstmädchen, die war in der \`schwarzen Nacht\` geboren. Solch können mehr als andere und andere auch von ihrem Fluch erlösen. Das Mädchen sah immer eine weiße Gestalt die sie verfolgte und um Erlösung bat. Wenn das Mädchen von ihren Eltern kam wartete die Gestalt schon auf dem Weg; beim Melken im Stall saß sie schon in der Ecke. Nun musste der Bauer immer mit in den Stall, denn sie behauptete: „Da in der Ecke sitzt es schon wieder."
Ihre Angst hatte sich nun auch schon auf den Bauern übertragen. Der besuchte manchmal in Domsühl seine Schwiegereltern und ging den Heimweg ohne Schwierigkeiten. Hatte er aber die Grenze überschritten, da überfiel ihn neuerdings panische Angst und er rannte los. Nun hatte er mit seiner Frau ausgemacht, dass sie das Fenster zum Schlafzimmer immer offen ließ wenn er aus Domsühl heim kam. Mit einem großen Satz sprang er dann kopfüber hinein - und fühlte sich wie erlöst.

Riet ut

Taufall*

Nah'd Lewitz flög'n twei Zappen hen.
Kort vör dei Fischdiek säd ein denn:
„Willn'w unsen Kurs nich leiwer dreigen
Un tau ein anner Wader fleigen?
Ick hew von uns' Verwandtschaft hürt,
Dat hier in'n Harwst Grug`ligs passiert,
Wieldat grad in'ne Lewitz hier,
Seeadler nähmen giern Quartier."

„Amenn hest recht", seggt nu dei anner,
„Wi fleigen hier blot kort eins ranner
Un fräten fix 'n lütten Happen.
Wieldess ward uns kein Adler schnappen."

Kum sünd sei unn'n, die beiden Rall'n,
Sünd's ok all in scharp Adlerkrall'n.
Ut is't mit't schöne Vagelläwen,
Sei sünd up'n Weg nah'n Zappenhäwen.

Wat's nu tau dissen Fall tau seggen?
Lang brukt ein' nich för't Oewerleggen.
Hard'n sei up ehr Verwandschaft hürt,
Wier't beide woll nich so malürt.

Dees Antwurd lücht woll jeden in.
Künn oewer ok'n Taufall sin,
Dat dor dei Adler un dei Rall'n,
Tau sülwig Tied an'n Diek infall'n.

Egal, dat Rönn is leeg utgahn.
Dei Zappen oewer kann'k verstahn,
Dat sei'n bäten krötig wiern.
Keinein hürt up Verwandschaft giern!

**Dieses Gedicht wurde freundlicherweise von Herrn Wolfgang Mahnke, Rostock, Mitglied im Bund niederdeutscher Autoren, zur Verfügung gestellt. Wolfgang Mahnke ist auch ein Lewitzbekenner und Ornithologe.*

An der Grenze zu Rusch stehen diese beiden Pappeln (Populus), voll besetzt mit Misteln (Viscum album), am `Tor zur Lewitz`.

Rusch

Ärger mit den Hexen

Eine Hexe kann schon ein Ärgernis sein, aber viele erst recht. Auf einem Hof in Rusch hatte der Besitzer es gleich mit mehreren Hexen zu tun. Sie ärgerten und drangsalierten ihn und ließen ihn nicht zu Ruhe kommen. Er nahm nun einen Leiterwagen und lud die Hexen auf. Beim Verladen aber merkte er, dass ein Wagen gar nicht reichte, also hängte er noch einen zweiten Wagen an.

Nachdem er alle Hexen darauf verladen hatte, fuhr er sie ins Klinkener Holz. Dort kippte er sie alle ab und fuhr nach Hause. Er verkaufte seinen Hof und zog mit seinen Habseligkeiten und dem Erntewagen nach Sukow. Aber hier ging die Plage wieder los. Eine Hexe hatte auf der Wagengabel gesessen und die war im Klinkener Holz nicht heruntergefallen. Sie ärgerte ihn nun in seinem neuen Domizil in Sukow weiter.

Settin

Settiner See im Morgennebel eines Herbsttages. Ballonfahrt – Aufnahme.

Hexenaustreiben

Als der Großvater auf Hof Settin, heute als Ortsteil zu Tramm gehörend, eine Büdnerei kaufte, dankte ihm der Nachbar mit viel Freundlichkeit dafür. Die Frauen, denen die Büdnerei vorher gehörte, hatten ihm und seinem Vieh kein Glück gebracht. Wörtlich sagte er: „Endlich hat das ein Ende mit dem Hexenpack."

Es muss wohl sehr schlimm gewesen sein, denn ständig erkrankte Vieh von den Bauern und Büdnern in Göhren und in Settin. Schuld konnten natürlich nur die Frauen auf der Büdnerei in Settin sein und immer wieder diese Unglücke herbeirufen.

In Sternberg wohnte zu dieser Zeit ein Hexendoktor. Dorthin fuhren die Leute um sich Rat und Hilfe zu holen. Sieben schwarze Katzen soll der Mann im Haus gehabt haben. Und immer gab er seinen Rat suchenden

Kunden Tipps mit auf den Weg, was sie zu tun oder zu lassen hatten. Fast immer trafen sie ein. Bei einem Göhrener wollten die Kühe nicht mehr fressen und auch dem half er. Der Rat lautete: Fahr wieder nach Hause, es wird alles gut werden. Auf dem Heimweg kommst du aber in ein Gewitter. Zu fürchten brauchst du dieses nicht mehr. Der Bauer fuhr los und kam wirklich in ein schweres Gewitter. Er aber tat so, als ob ihn das alles nichts anginge. Er kam wohlbehalten zuhause an, schaute in den Stall und die Kühe fraßen wieder, wie einst zuvor.

Russenbuche

Diese stattliche Rotbuche ist ca. 150 Jahre alt. Eine besondere Geschichte umrankt diesen prächtigen Baum und lädt zum Verweilen ein. Generationen von Forstleuten haben diese Wächterin des Waldes heranwachsen sehen und vor Axt und Säge bewahrt.

Ende des 2. Weltkrieges 1945 war diese Buche sicherlich auch schon eine imposante Erscheinung, in deren Umfeld Soldaten der Roten Armee lagerten. Da der Baum gut zu erklimmen war, verewigten sich die Sowjetsoldaten in der Rinde des oberen Stammbereiches, unter anderem mit ihren Namen und Heimatorten, in russischer Schrift. Noch heute ist z.B. der Stadtname Astrachan deutlich erkennbar.

Auf Grund dieser Inschriften erhielt der Baum von den Waldarbeitern den Namen „Russenbuche“ und ist bis heute ein markanter Treffpunkt für Forstleute und Waldbesucher.

Russenbuche mit Sagenstein

Pferdezucht

Um 1550 Ersterwähnung von Dorf, Hof und Schäferei Settin. Etwa 1560 Gründung des Hauptlandesgestütes auf dem „Hoff zu Szettyn“ durch Herzog Johann Albrecht I. (1525–1576). Die Pferde, auch als ’de Wilden‘ bezeichnet, lebten auf der Gras- und Bruchwaldung der Lewitz; aber die Stuten mit ihrem Nachwuchs auch in den Wäldern. Während der Winterzeit mit viel Schnee und starkem Frost wurden alle Pferde zu den Hirschen in die Wälder getrieben. Gemeinsam konnten sich die Tiere besser gegen die Wolfsrudel verteidigen. Das Gestüt ging ein, weil „der Wolf so ‚begenge‘ (zahlreich) war. Anno 1710 war hier ein landesherrschaftliches Gestüt. Auch wegen der hohen Verluste, die von den zahlreichen Wölfe verursacht wurden, gründete Herzog Friedrich Franz I. (1756 - 1837) im Jahre 1812 ein neues Landgestüt am Standort Redefin. Alle bisherigen Gestüte, auch Settin, wurden aufgegeben.

Hof Settin, um 1906 (Sammlung Dieter Conell)

Spornitz

Johannes Gillhoff

Das Wappen von Spornitz zeigt sieben Steine und Giebelbretter mit Pferdeköpfen

Johannes Heinrich Carl Christian Gillhoff wurde am 24.05.1861 in Glaisin geboren.
Nach dem erfolgreichen Besuch des Lehrerseminars in Neukloster erhielt er am 01. Oktober 1883 die Stelle eines dritten Lehrers in Spornitz. 1886 ließ er seinen ersten Aufsatz „Th" im Mecklenburgischen Schulblatt abdrucken.
1898 hatte Johannes Gillhoff vom Vater ein Päckchen erhalten, mit Briefen ehemaliger Glaisiner, die nach Amerika ausgewandert waren. Sie bildeten die Vorlage für sein Romanvorhaben; aber erst 1916 schloss Johannes Gillhoff im Schulhaus zu Spornitz, in dem sein jüngerer Bruder Gustav Lehrer war, das Manuskript ab. „Jürnjakob Swehn der Amerikafahrer" ist das wohl bekannteste Werk von ihm.
Am 16. Januar 1930 starb Johannes Gillhoff im Parchimer Krankenhaus. Vier Tage später wurde er auf dem Friedhof Ludwigslust beigesetzt.
Seine Lebensdaten und Werke werden u.a. in der Johannes Gillhoff Gesellschaft e.V. Glaisin bewahrt.

Heimatdichter Helmuth Schröder

Gedenkstein in Spornitz für den Heimatdichter Helmuth Schröder

Der niederdeutschen Mundart- und Heimatdichter wurde 1842 in Spornitz geboren. Ihm zu Ehren setzte man 1914 einen Gedenkstein. Er war Lehrer, u.a. 1867 in Matzlow, und starb 1909 in Ribnitz-Damgarten. Mehrere Gedichtbände von ihm wurden veröffentlicht.

Frau Waur

Wenn im Dorf ein Bauer sehr viel Korn erntete und auch andere wertvolle Sachen im Überfluss besaß, dann wurde schon gemunkelt. So etwas konnte nicht mit rechten Dingen zugehen, dass alles konnte nur das Werk von Frau Waur sein.

Schlittenfahrt

In Spornitz und auch in dem nahen Dütschow haben sich in früheren Zeiten die Alten auch erzählt, dass Frau Waur mit dem Schlitten fährt, an dem ihre Hunde vorgespannt sind. Einmal musste sie Hilfe holen, weil eine Runge abgegangen war.

Verkleidet

Am Olljahrsabend haben sich einmal junge Leute in Spornitz verkleidet. Drei Personen hatten Ketten an ihrem Körper festgemacht. Plötzlich ist da etwas dazwischen gekommen, zwei von den Jungen sind gleich tot gewesen. Das will unser Herrgott doch nicht haben, denn der ist immer noch über uns - so wurde es lange erzählt.

Ähnliches wird von einem jungen Kerl erzählt, der sich ein Kuhfell mit Hörnern und Ketten daran über den Kopf gezogen hat, um den Mädchen Angst zu machen. Der mit dem Kuhfell ist in den Sod (Brunnen) gefallen und ertrunken. Das schadet ihm gar nichts, warum hat er sich so teufelsmäßig verkleidet – sagte man.

Alpträume

Ein Bauernknecht aus Spornitz soll darunter gelitten haben. Wenn er am Tag mal eine Frau ansah, dann kam sie im Traum zu ihm und hat ihn moorräden (schwer auf der Brust gelegen).

Ausräuchern

Wenn ein fremder Mensch in der Stube gewesen ist, zu dem man kein Vertrauen hat, dann wird er ausgeräuchert: durch drei Türen wird eine Schippe mit Glut getragen und dann vor die Tür gesetzt.

Böser Blick

Es kommt auch vor, so wurde es in Spornitz erzählt, dass Leute selbst an ihren bösen Blick glauben: Ein alter Mann, der hier im Dorf gewohnt hat, ist die ersten acht Tage nicht in den neuen Stall gegangen, damit er dem Vieh nichts antut (es behext).

Eichenalptraum

Ein junges Mädchen aus Spornitz ging mit anderen Mägden zur Arbeit auf einen Hof in Steinbeck. Kurz vor Steinbeck stand am Wegesrand eine alte knorrige Eiche. Wenn das Mädchen dort vorbei kam seufzte und stöhnte es laut hörbar. Dann fragten die anderen was denn sei. „Nein, das kann ich keinem Menschen sagen und das sage ich auch keinem!“ war stets die Antwort. So etwas wird gerne weitererzählt. So kam es auch bei einer alten Frau im Dorf an die sich der Sache annahm. Der hat sich das Mädchen anvertraut: Jede Nacht müsste sie hin und jeden Zweig in der Eiche beklettern. Wenn das einer wüsste und noch ihren Namen rufen würde, dann würde sie rausfallen aus der Eiche und der Tod würde kommen.

Die alte Frau ging zum Pastor, erzählte ihm alles und bat um Rat. Der Pastor antwortete: Geh hin und bestelle drei Paten die das Mädchen nicht kennen. Dann kommt am nächsten Tag zu mir. Der Pastor taufte das Mädchen um und es bekam drei neuen Namen. Da war der Alptraum vorbei.

Hexenglauben

Es soll sich in der Walpurgisnacht anno 1754 zugetragen haben. Vorwitzige Dorfleute zogen mit zwei geerbten Eggen in gegensätzlicher Richtung um das Dorf. Dort, wo sie sich trafen, wurden die Eggen gegeneinander aufgestellt. Sie setzten sich darunter und konnten nun hellsehen. Sie wollten sehen wer in dieser Nacht zum Blocksberg flog. Die Hexen konnten den gezogenen Kreis nicht überfliegen, nur durch die Eggen ging es. Am nächsten Tag erzählten sie nun lauthals mit Namen, wer zum Blocksberg geflogen sei und verleumdeten einige, wie den Dorfschulzen und Verwandte, damit. Das Gerücht verebbte nicht, es flackerte immer wieder auf und blieb so im Dorf erhalten. Auch ein Gerichtsverfahren brachte keine Klärung. Allen war bekannt, dass Hexen in der Walpurgisnacht nicht auf dem Blocksberg fehlen durften. Der Dorfschulze lud nun genau ein Jahr später seine vier Geschwister, vier Zeugen aus dem Dorf, den Küster und auch den Sohn des Landvermessers in sein Haus ein. Er gab ein Fass Bier aus und beim Umtrunk mussten alle im Haus bleiben und somit beweisen, dass sie nichts zum Blocksberg zog. Ein Zeuge kniff, alle anderen leerten gemeinsam das Fass. Am nächsten Tag wurde bezeugt, dass keiner zum Blocksberg geflogen war. Das Gerücht verebbte aber viel langsamer, als es vorher durch das Dorf getragen wurde.

Das alte Spornitz

Im Dreißigjährigen Krieg gab es auch in dieser Region viel Leid. Nach und nach starben die Dörfer aus. Die Menschen verhungerten, wurden von schwadronierenden Kriegern erschlagen oder starben an der Pest. Lange lagen die Orte nach dem Dreißigjährigen Krieg wüst. Dann kamen Leute aus dem Ungarischen her und siedelten sich hier an, einer auch in Spornitz. Von denen soll der Familienname Unger stammen. Später siedelte einer auf der Bosssowschen Stelle, der mit richtigem Namen aber Spohr hieß. Daraus entstand der Ortsname Spornitz und von Spohr sollen alle Spornitzer abstammen.

Klockow, Voddow und Lübow hießen die einst umliegenden Dörfer. Sie wurden nicht wieder besiedelt.

Die versunkene Brautkutsche

Spornitz war früher ein gern besuchter Ort; Brautleute aus der ganzen Gegend ließen sie hier trauen. Wie damals üblich kamen sie mit bunt geschmückten Wagen zur Kirche gefahren. Solcher Tag wurde immer mit einem fröhlichen Fest gefeiert. Einmal hatte sich ein Brautpaar ziemlich verspätet. Der Kutscher, der glaubte alle Wege in der Lewitz zu kennen, nahm eine Abkürzung. Doch die Fahrt endete im Moor und hier soll die ganze Hochzeitsgesellschaft ertrunken sein. Seit dieser Zeit spukt es in dieser Gegend, ganz in der Nähe vom Sandfeld. Ab und an sieht man die Kutsche noch durch die Wälder und Wiesen fahren, aber ist sie plötzlich verschwunden, so wie damals.

Die blaue Blume

Pferde gab es schon seit vielen Jahrhunderten in der Lewitz. Meistens ließ man sie frei laufen, manche wurden von Jungen gehütet. Mitten in der Lewitz hütete einst ein Knabe die Pferde und wo er sich aufhielt blühte in der Mittagszeit und Mitternacht auch eine blaue Blume. Nun war er einmal eingeschlafen und während der Zeit wuchs diese Blume rasch heran. Sie war so groß geworden, dass sie den Jungen bedeckte und über und über mit Blütenstaub begoss. Dieser Blütenstaub machte ihn unsichtbar und seitdem konnte ihn keiner mehr sehen. Selbst sein Vater, ein Bauer in Spornitz, sah nur noch den bläulichen Schein, der von seinem Sohn ausging. Er bekam seine Mahlzeiten am Tisch - und schnell war das Geschirr leer. Der Vater schickte ihn sogar mit Pferd und Wagen nach Parchim zum Markt. Dort kaufte er den ganzen Tag ein ohne zu bezahlen. Mit dem Wagen voller Sachen kam er wohlbehalten zurück. Gesehen hat der Bauer seinen Sohn aber nie mehr.

Sieben Hirtenknaben wurden Steine

Auf einer Weide, unweit von Spornitz, hüteten eines Tages sieben Knaben ihr Vieh. Sie waren einfache Burschen und ihr Spiel manchmal recht gewagt. Auch an diesem Nachmittag plagte sie Langeweile und sie wurden keck. Aus dem restlichen Vesperbrot samt Butter und Wurst

formten sie kleine Bälle, spielten damit Fußball oder bewarfen sich gegenseitig damit. Einige Zeit vergnügten sie sich schon mit dieser Abwechslung, da trat plötzlich ein großer Mann in einem weißen Gewand zu ihnen. Er sprach sehr ernst und eindringlich zu ihnen und meinte, es sei nicht löblich so mit den Gaben Gottes umzugehen. Sie sollten dieses sündige Spiel sofort unterlassen und er zeigte auch mögliche Strafen auf. Nur einer folgt der Aufforderung des Alten und beendete das Spiel. Die anderen Knaben spielten unbeeindruckt mit den Bällen aus Brot, Butter und Wurst weiter. Da erschien der Alte noch einmal, aber diesmal ganz in schwarz. Zuerst ging er auf den etwas abseits stehenden Knaben zu und sagte: „Geh nach Hause, dir geschieht nichts. Aber sieh dich auf dem Heimweg nicht um, sonst ergeht es dir schlecht.“ Der Knabe machte sich auf den Weg. Der Alte im schwarzen Gewande verwandelte derweil die sechs gottlosen Buben in große Steine. Kaum war der Knabe einige Schritte gegangen, da blieb er stehen und bückte sich. Umdrehen und zurückschauen durfte er nicht, aber durch seine Beine hindurch wollte er sehen was da geschah. Gedacht, getan - da war auch er in einen Stein verwandelt.
Das alles soll sich an der Stadtfeldgrenze „Der Landwehr“ zugetragen haben. Hier kann man die sechs Steine im halbrunden Kreis liegen sehen, nur einer liegt etwas abseits. Schon sehr lange liegen diese Steine an diesem Ort, der von den Spornitzern immer umgangen wurde.

Erzählt wird auch, dass sich ein Bauer, der von solchen Geschichten nichts hielt, an einem Tag bei Sonnenschein einen Stein geholt hatte. Den mauerte er in das Fundament seiner Scheune ein. Aber eines nachts – und ganz heimlich – hat er ihn entfernt und zurück auf seinen alten Platz gebracht. Kein Wort über weshalb und warum ist je über seine Lippen gekommen. Es wurde vermutet, dass der Bauer keine Ruhe mehr gefunden habe; denn aus dem Stein sei Blut getropft.

Erzählt wird auch, dass irgendwann ein Bäckergeselle von einem Steine ein Stück abgeschlagen hatte. Nach dieser Freveltat wurde er ganz lahm. Das beichtete er dem Pastor und beide gingen zum Ort des Geschehens. Dort befestigten sie das abgeschlagene Teil wieder am Stein und der Geselle konnte wieder gehen.

Diese Sage wurde auch in sehr ähnlicher Form in Schwerin-Lankow, Dambeck bei Wismar und in Alt Meteln bei Lübstorf erzählt. Auch hier existieren solche Steingruppen mit ähnlichem Hintergrund.

Unter diesen sehr alten Eichen liegen sechs Steine; der siebente liegt mitten auf der Feldflur.

Teufel und Eulenspiegel

Um die Wette gemäht haben einst der Teufel und der Eulenspiegel auf einer Wiese in Spornitz. Die goldene Sense des Teufels mähte zwar wie verrückt, aber der Eulenspiegel konnte es schneller. Der Teufel griff zu einer kleinen List und sprach: „Eulenspiegel, Scherwitze." (Eulenspiegel, wetz die Sense). Während der Zeit wollte der Teufel weiter mähen und ihn überholen. Doch Eulenspiegel hörte nicht auf diesen unlauteren Rat. Gutes Werkzeug allein macht die Arbeit nicht – auch keine Sense aus Gold – man muss auch damit umgehen können.

Der Schulzenhof brennt

Hinter dem alten Schulzenhof in Spornitz stand eine alte Scheune und die wurde eines Tages abgerissen. Am Fachwerk waren überall Spuren von Feuer zu sehen. Die Älteren erzählten, dass es wohl um 1930 gewesen sein müsste, als die Scheune brannte. Aber abgebrannt ist sie durch das beherzte Tun des Pastors nicht. Die Bauern und andere Leute waren kopflos und rannten sinnlos hin und her. Der Pastor aber ging mit erhobenen Armen durch das offene brennende Tor der Scheune und die Flammen erloschen sofort hinter ihm. Nun ging er durch die ganze Scheune, das Feuer war aus und die Scheune weitestgehend gerettet.

Geister am Schulzenhof

Bis an die Friedhofsmauer reichte das Grundstück vom Schulzenhof Gildhoff heran. Selbst das Stück Land hinter dem Bach bis hin zur Kirchenmauer gehörte ihm. In diese Ecke des Kirchhofs kamen früher die Selbstmörder, die nicht auf dem Friedhof begraben werden durften. In geweihter Erde lagen sie nun, aber nicht auf dem öffentlichen Teil. Hier macht die Mauer einen großen Bogen und diese Stelle ist noch gut erkennbar. An Vollmondnächten stehen um Mitternacht die Geister dieser Toten auf und gehen hinüber zum Gildhoff Hof. Dort trinken sie am Brunnen. Seltsam ist aber, wie sie über den Bach kommen, der dort kaum zu überwinden ist. Aber es sind ja Geister, die schaffen das.

Der Wetterbrunnen

Brunnen können auch weissagen. In Spornitz hat es einen solchen gegeben. Die Bauern konnten anhand des Wasserspiegels voraussagen, was für ein Jahr bevorstand. War der Wasserstand im Frühjahr niedrig, gab es ein trockenes Jahr; stand das Wasser im Brunnen hoch, dann gab es viel Regen und das Jahr wurde feucht.

Schimmelreiter an der Waschbäk

Im Bach wurde einst die Wäsche gewaschen, deshalb heißt er Waschbäk. Früher stand hier eine Mühle und dort soll zu mitternächtlicher Stunde ein Schimmelreiter aufgetaucht sein. Der Reiter hatte keinen Kopf und ritt von der Mühle aus zur Kirche hinauf. Dann war er wieder verschwunden. In der nächsten Nacht erschien er wieder an der Mühle und der Ritt begann erneut. Der Schimmel hatte einen kurzen Schwanz, „Engländer“ genannt. Im Dorf gab es einen Jungen, der konnte den Schimmelreiter sehen.

Kindertausch

Vor vielen Jahren soll es in Spornitz geschehen sein – ein Kindertausch. Einst lebte ein junges Paar auf seinem Hof glücklich und zufrieden. Ein Sohn kam zur Welt und gedieh gar prächtig. Er war gesund und von angenehmer Erscheinung, die Welt war eitel Sonnenschein. Das Elternpaar wusste, dass auf ihrem Hof die Unterirdischen zugegen waren und sie ließen deshalb ihr Kind keinen Augenblick alleine. Die Mutter sang und trällerte, der Vater pfiff fröhliche Lieder, aber immer waren sie wachsam. Eines Tages geschah es dann. Die Mutter hatte den Knaben gerade zum Stillen an die Brust gelegt, da stand plötzlich ein kleines unscheinbares Männlein vor ihrem Bett und sprach: „Deinen Knaben nehme ich mit. So ein stolzer Bursche wird eines Tages unser König werden. Du bekommst dafür unseren Prinzen, den Unterirdischen. Du und dein Gemahl sollt immer lieb und nett zu ihm sein, dann wird es euch an nichts fehlen.“ Die Mutter wollte um Hilfe rufen, doch ihre Kehle blieb vor Entsetzen stumm. Das Kind wollte sie fest an sich pressen – doch sie konnte sich nicht rühren. Das Männlein nahm ihr das Kind weg und legte ihr, oh Schreck, ein garstiges Kind mit kantigem Schädel und dünnen Gliedern in die Arme. Endlich konnte die Bäuerin um Hilfe schreien, doch da war es längst zu spät. Der Bauer kam ins Zimmer gestürmt, doch der kleine Kerl war mit seinem Sohn längst verschwunden. Weinend erzählte ihrem Mann alles und stieß dabei den kleinen hässlichen Balg von sich. Der Bauer stürzte auf den Hof, nahm sich einen derben Knüppel und schrie wild umher: „Wenn ich einen von euch erwische, den schlage ich tot.“ Kein Unterirdischer war zu sehen und keine Spur von seinem Sohn.

Als sie sich wieder gefasst hatten beschlossen sie, den Kleinen gut zu behandeln. Vielleicht würden dann die Unterirdischen auch gut für ihren leiblichen Sohn sorgen. Nun zogen sie das fremde Kind groß, aber ohne viel Liebe und elterliche Fürsorge. Es kam wie es kommen musste, der Balg wurde garstig und frech. Viel schlimmer war aber, dass die Liebe zwischen dem Paar seit dem Vorfall erloschen war. Jeder arbeitete stumm vor sich hin und schaute den anderen vorwurfsvoll an; so vergingen die Tage. Wenn sie miteinander sprachen machte der Bauer seiner Frau immer den gleichen Vorwurf: Hättest du doch gerufen, hättest du dich doch gewehrt. Ich hätte den Kindestausch verhindert. Doch das half nun nicht mehr. Trotz des Unglücks gedieh der Hof

wie von selbst. Die Stute brachte jedes zweite Jahr ein gesundes prächtiges Fohlen zur Welt, die Kühe gaben Milch wie im Schlaraffenland und die Mastschweine entwickelten sich zu prächtigen schweren Tieren. Auch Gemüse und Obst wuchsen in bester Qualität und in großen Mengen heran. Aber wenn der Bauer über seinen „Reichtum“ ins weite Land sah, dachte er nur verzweifelt: „Für wen ist das alles.“
Das andere Kind entwickelte sich derweil miserabel. Er war halb so hoch wie ein Melkschemel - und das im siebenten Lebensjahr, garstig und frech, dreckig und meistens mit Kot beschmiert. So oft die Bäuerin ihn auch wusch und neu anzog, wenige später war er wieder mit Modder bedeckt. Auch am Tisch benahm er sich wie ein Schwein. Die Bauersleute ertrugen es geduldig - sie bestraften den Unhold nicht aber sie sprachen auch kaum noch ein Wort miteinander.
Im zwanzigsten Lebensjahr verstarb der Unhold plötzlich. Ohne Zeichen von Trauer legten sie ihn am gleichen Abend in eine Holzkiste und stellte sie hinter den Pferdestall. Hier waren früher immer Unterirdische gewesen. Bereits am nächsten Morgen war die Kiste verschwunden.
Nun begann bei den Bauersleuten das große Hoffen. Vielleicht kam nun ihr Sohn zurück, ebenfalls im zwanzigsten Jahr, groß gewachsen und prächtig entwickelt. Nichts geschah. Der Bauer ging rufend umher: „Gebt mir doch nun meinen Sohn zurück, ihr habt ihn lange genug behalten.“ Nur abends, wenn er traurig und entmutigt nach hause kam, sah er seine Frau an und sagte: „Hättest du doch gerufen oder dich gewehrt. Ich hätte dann schon…“.
Sie konnten nicht mehr zueinander finden, es gab nur noch Zwietracht und Vorwürfe. Unglücklich lebten sie bis zum letzten Tag zusammen, ohne Liebe und gegenseitige Achtung.

Kinderwechsel

Wenn Unterirdische ein Kind stahlen, legten sie eins von sich in die Wiege – das war meistens hässlich und recht unansehnlich. Oft wurde dann beratschlagt, wie man sein eigenes Kind unbeschadet bald zurückbekommen konnte. In diesem Fall überlegten nun die Nachbarinnen, was zu machen sei. Ihr Rat lautete: Die Mutter solle eine Eierschale nehmen und so aufzuhängen, als wenn sie Bier brauen würde, dann darunter ein Feuer entfachen und das fremde Kind daneben setzen. Gesagt, getan. Das Kind bekam sofort seine Sprache und meinte: „So ein Gebräu habe ich in meinem ganzen Leben noch nicht gesehen, meine Mutter macht das anders!“ Sofort fragte Frau: „Bin ich denn nicht deine Mutter?“ „Nein, du hast ja vor neun Tagen das Licht ausgemacht.“ Nun war es raus! Die Nachbarinnen rieten ihr nun, das Unterirdische gar kräftig zu verhauen. Nach dieser Tortur holten die Unterirdischen ihr Balg zurück und legten das richtige Baby in seine Wiege.

Kindstausch

Beim Bauern Lüth haben in früheren Zeiten die Unterirdischen ihr Unwesen getrieben. Er war zur Stadt gefahren, um einige Besorgungen zu erledigen, derweil tauschten die Unterirdischen sein Kind gegen eines von sich aus. Na, dies war ein Anblick: klein, hässlich und einen riesigen Kopf. Das Kind wuchs nicht, aber der Verstand war hellwach. Eine Nachbarin besah sich das Kind und riet: „Braue Bier in einer Eierschale!“ Die Bäuerin ging sofort an die Vorbereitungen zum Brauen. Da fragte der Kleine: „Was machst du da?“ Ich will brauen. Gleich kam die Antwort des Kindes: „Ich bin so alt wie Böhmens Gold, aber so ein Brauen habe ich mein Lebtag noch nicht gesehen!“ Nun antwortete die Frau wieder: „Dort sollst du rein!“ Das Kind schaute ganz ängstlich und fing sogleich an ganz laut zu schreien, die Unterirdischen hörten es und tauschten unverzüglich die Kinder zurück.

Wechselbalg

In der Welt der Sagen wird der Kindstausch relativ oft wiedergegeben und für den Ort Spornitz besonders. Hier wurde einer jungen Mutter das Kind von der Brust genommen und der Wechselbalg aufgelegt. Sie erlebte es hell wach mit, konnte sich aber weder wehren, noch laut schreien. Die Unterirdischen teilten der Mutter sogar mit, dass ihr Sohn später der König ihres Reiches werden würde. Sie müssten von Zeit zu Zeit ein Menschenkind stehlen, damit in ihrem unterirdischen Reiche die menschliche oder auch irdische Schönheit nicht aussterbe. Sie solle den Zwergenprinz immer gut pflegen und hegen, dann würde es ihrem

Haus an Wohlstand und Segen nicht fehlen. Die junge Mutter pflegte nun das fremde Kind und der Wohlstand des Hauses wuchs wirklich. Das Kind blieb aber immer so klein und auch hässlich. Es wurde 20 Jahre alt und ist dann gestorben.

Teufelslicht in der Kirche

Um Mitternacht kam ein Bauer an der Kirche in Spornitz vorbei. Er traute seinen Augen nicht, es brannte Licht in den Fenstern. Flugs stieg er auf einen nahe stehenden Baum und schaute in die Kirche hinein. Ein alter Mann in einem langen schwarzen Mantel saß in einer Bankreihe. Daneben, offen stehend, ein Sack. Klopfte der Alte auf den Sack hoppelte ein Hase heraus. Irgendwann waren es wohl genug Hasen. Der Alte stand auf und verließ humpelnd die Kirche. Die Hasenschar folgte ihm sofort. Der Bauer stieg, als nichts mehr zu sehen war, vom Baum und machte sich schleunigst nach Hause.

Ein beeindruckendes Bauwerk ist das im 13. Jahrhundert errichtete Gotteshaus. In einem Wohnhaus gleich nebenan schrieb Johannes Gillhoff im Jahre 1912 seinen Roman „Jürnjacob Swehn der Amerikafahrer“ zu Ende.

Am nächsten Tag ging der Bauer auf sein Feld und sah auf seinem Acker einen Hasen humpeln. Er fing ihn ein und ging damit abends zur Kirche. Er klopfte, der Alte machte ihm die Tür auf und fragte: „Was willst du?“

„Ich habe einen Hasen zu verkaufen“, sagte der Bauer. „Was soll er kosten“, fragte der Teufel zurück. Einen Taler (damals drei Mark). Der Bauer hatte den Preis noch nicht richtig ausgesprochen, da packte der Schwarze ihn beim Kragen und zog ihn in die Kirche. Am nächsten Tag fand man den Bauern tot in der Kirche, sein Genick war gebrochen. Auf der Bank neben ihm lag ein Taler.

Geisterbanner

Manche haben besondere Fähigkeiten. So auch ein herzoglicher Arbeiter, der beim Bau der Straßenchaussee in Spornitz angestellt war. Er fragte die Bauern, die ihm bei der Arbeit zusahen, ob er für sie mal Geister kommen und gehen lassen solle. Die Bäuerlein waren neugierig und wollten so etwas natürlich sehen. Treffpunkt war abends beim Dorfschulzen. Auch ein Buch hatte der Straßenbauer mitgebracht, er schlug es auf und begann zu lesen. Der Reihe nach kamen nun die Geister aus dem Buch heraus. Die ängstlichen Weiber sollen gleich hoch auf die Betten gesprungen sein und den Bauern war auch nicht ganz wohl dabei. Ein Geist aus dem Buch fragte: „Warum lässt du mich nicht in Ruhe?“ „Nach meinem Willen lasse ich dich noch 99 x aus dem Buch herauskommen“, antworte der Arbeiter. Dann nahm er das Buch wieder zur Hand und las alle Geister wieder hinein. Einer nach dem anderen verschwand im Buch und das Zimmer war leer.

Die Reise zum Blocksberg

Die Hexen fliegen in der Walpurgisnacht (30.04.) zum Treffen auf den Blocksberg in ihrer Region. So machte es auch die Frau eines Bauern aus Spornitz in dieser Nacht jedes Jahres. Weil sie einen stattlichen Knecht auf dem Hof hatten, wollte sie den zu dieser ausgelassenen Feier mitnehmen. Der Knecht war zwar körperlich kräftig gebaut, aber seine geistigen Fähigkeiten waren nicht sonderlich ausgebildet. Dafür war er aber sehr neugierig. Die Bauersfrau stellte sich mit ihrem Besen neben den Knecht und sagte: „Besteig auch du einen Besen und sag „Auf und davon und nirgends an.“ Kaum hatte sie es gesagt, begann auch schon die Reise. Der Knecht aber hatte es nicht richtig mitbekommen und sagte: „Auf und davon und allenthalben an." Auch seine Reise begann und sein „Ross" stieg ebenfalls gen Himmel auf. Aber mal stieß er an einen Kirchturm oder auch mal an einen Baum. Seine Herrin aber war schon lange und ohne anzuecken Richtung Blocksberg unterwegs. Als der Knecht ankam, waren die anderen Gäste schon längst versammelt und feierten fröhlich und ausgelassen. Berauschende Musik erklang überall, so etwas hatte er noch nie gehört; alle sangen, tanzten, lachten und jubelten.

Zuerst aß und trank er sich satt, es war ja alles im Überfluss da. Nur tanzen wollte er nicht. Da reichte man ihm eine Trompete, er solle Musik machen. Noch nie hatte er ein Musikinstrument in der Hand und noch nie auf einer Trompete geblasen. Keck, nach all diesen Erlebnissen, setzt er die Trompete an und spielte auf, als hätte er schon immer Trompete geblasen. Seine Musik war sogar besser, als die vom Musikanten aus Neustadt, der immer zu den Festlichkeiten in Spornitz aufspielt.

Der Tag begann zu dämmern, die Hexen verließen mit ihrem Gefolge das Fest und flogen wieder nach Hause. Auch die Bauersfrau und ihr Knecht traten die Heimreise an. Sie sagte ihren Spruch und auch der Knecht kam ohne anzuecken heil und schnell auf dem Bauernhof an. Hundemüde legte er sich sofort ins Bett. Auch seine Trompete, die er sich auf dem Blocksberg hatte schenken lassen, nahm er mit. Tief und fest hatte er lange geschlafen. Aber der Schreck fuhr ihm beim Aufwachen sofort in die Glieder, statt der Trompete lag ein Katzenschwanz neben ihm.

Ein Hund von Frau Waur

Ein Hund von Frau Waur hatte Junge bekommen. Weil sie gerade in einem Bauernhaus in Spornitz eingekehrt war, ließ sie gleich zwei von den jungen Hunden zurück. Die Leute vom Bauernhof mussten sie nun groß ziehen, egal wie.

Fleißige Leute waren die Spornitzer schon damals. Wenn die Frauen in der Woche nicht alle Arbeiten geschafft hatten, dann setzten sie sich auch noch am Sonnabend hin. Und so saß eine wieder am Sonnabend am Spinnrad, als abends eine Hand durch die Tür kam und eine Stimme rief: „Schwester, leg dich hin und gib Ruhe, du bekommst sonst nur ein Leichenhemd."

Dänenkönigs Grab

Der Sprenzberg hebt sich in einem Waldstück bei Spornitz etwas von der Umgebung ab. Bei einer Schlacht mit den Hunnen soll der Dänenkönig dort gefallen sein und auch sein Pferd kam bei dem Kampfgetümmel zu Tode. Nicht nur sein Pferd wurde ihm als Grabbeigabe mitgegeben, sondern auch noch viele Schätze. Der Sarg soll, so wird berichtet, aus drei Teilen bestanden haben. Die äußerste Schicht, für alle sichtbar, war aus Eisen und als trutziger Schutz gedacht. Danach kamen je eine Hülle aus Silber und eine aus Gold. Unter einer großen Gabelbirke, deren Krone sich in zwei Teile gabelt, soll das Grab zu finden sein. Viele Schatzgräber und auch Grabräuber haben hier schon gebuddelt, aber vergebens. Geblieben sind nur die zahlreichen Gruben und Vertiefungen von den Fehlversuchen derer, die reich werden wollten.

Der Teufel in Spornitz

In Spornitz war mein Großvater vor langen Zeiten Schäfer. Meck hieß er. Angst hatte der Großvater vor nichts. Ein paar Knechte kamen ihm einmal auf der Straße laut grölend entgegen und riefen immer wieder: „Der Teufel ist auf der Straße."

Plötzlich waren die Kerle verschwunden, nur mein Großvater stand allein mitten auf der Straße. Er wartete, was da wohl kommen sollte - aber nur ein schwarzer Schafbock kam angelaufen.

Der Brautstein

Liebe ist etwas Schönes, erst recht, wenn sie ganz und gar erwidert wird. Der junge kräftige Jägerbursche verbandelte sich mit einem ebenso schönen, aber doch etwas eigenwilligen Mädchen. Im Wald hatten sie sich beim Beeren pflücken zum ersten Mal getroffen. Sie fanden sich sympathisch und die Zusammenkünfte wurden häufiger. Die Wochen vergingen und dann nahm der Jägerbursche all seinen Mut zusammen und bat das Mädchen um ihre Hand. Er wollte sie gerne heiraten. Die Antwort lautete: „Ja, aber wir sind doch noch so jung – wir sollten noch warten."

Er fragte sie oft und immer kam die gleiche Antwort. Aber beim letzten Mal sagte sie zu ihm: „Wenn du diesen Stein, auf dem wir immer gemeinsam gesessen haben teilst, dann ist Hochzeit.“ Er begann mit Hammer und Meißel diese mühsame Arbeit, eine kleine Rille war schon zu sehen. Aber der Stein gab noch lange nicht nach. Die Welt war böse und es gab einen Krieg: auch unser Jägerbursche musste an die Front. Es dauerte nicht lange und eine traurige Nachricht kam für sie aus dem Feld: Er war gefallen. Nun war die Trauer groß. Der Geliebte würde nie wieder zu ihrem Stein kommen. Sie saß alleine dort und weinte untröstlich Tag für Tag.
Der Stein mit seinen Kerben, der ‚Brautstein‘, liegt bis heute an der Parchimer Landwehr.
Walter Dahnke schrieb einst die Geschichte um den Stein zur Erinnerung nieder.

Der Brautstein (Foto: Alfred Lobbe, Spornitz)

Die verhexten Tiere

Zuerst starben ihm drei Schweine, es konnte nicht festgestellt werden warum. Drei Tage später waren wieder zwei Schweine tot. Der Tierarzt schickte die Innereien zur Untersuchung, aber die brachte kein brauchbares Ergebnis. Das Sterben ging weiter, da meinte Bauer Wilhelm, der Nachbar, fahr doch zum Hexen- oder Wunderdoktor nach Grabow. Trotz der Zweifel fuhr der Bauer nun zum Wunderdoktor, die Bezeichnung traf haargenau auf ihn zu. Der gab ihm ein Pulver, das er in das Schweinefutter mischen sollte und sagte ihm auch noch wer sie verhext hätte. „Wenn Sie in Spornitz aus dem Zug steigen, aufgepasst! Die erste Person die Ihnen entgegen kommt, ist eine Hexe. Sie kommt dreimal auf ihren Hof und wird nach etwas fragen."

Auf dem Weg vom Bahnhof nach Hause kam ihm eine alte, buckelige Frau entgegen. Die kannte er sogar mit Namen und sie kam wirklich dreimal auf seinen Hof um etwas zu erfragen; mal nach der Backmulde und das nächste Mal nach dem Schweinekasten. Die Schweine blieben jetzt gesund, hatte das Pulver gewirkt? Wochen später kam sein Nachbar Wilhelm aufgeregt herüber und berichtete, dass seine Pferde nun betroffen wären; sie sahen zum Verrecken aus. Der Bauer gab Wilhelm einen Knüppel, um die Hexe damit zu bedrohen. Als sie in seinen Pferdestall kam nahm er den Knüppel, schwang ihn bedrohlich in der Luft und schrie: „Ich schlage dich mit diesen Knüppel tot, wenn du meine Pferde nicht wieder gesund machst!" Die Alte murmelte etwas, wedelte mit ihren Händen und dann war sie weg. Die Pferde fraßen wieder und wurden gesund.

Der Ringkampf

In der Franzosenzeit waren auch in Spornitz Soldaten stationiert; darunter ein richtiger Hüne. Seine Kameraden hatten in Erfahrung gebracht, dass es unter den Bauernsöhnen einen ebenso starken Mann gab. Nun wollte der Franzose sich mit ihm unbedingt `fassen`, um zu wissen, wer der Stärkere sei. Er gab keine Ruhe. An einem Sonntag wollte der Spornitzer gerade mit seiner Frau zur Kirche hin, da kamen ihm die Franzosen auf der Straße entgegen. Ausweichen konnte er nicht, denn sie versperrten ihm den Weg, der Kampf sollte sofort sein. Der Bauernsohn hatte keine Wahl, er zog er seinen blauen Kirchgehrock aus und das Kräftemessen begann. Er umfasste den Franzosen, zog ihn ganz dicht an sich heran und presste ihn dermaßen, dass dem das Blut nur so aus der Nase spritzte. Dann legte er ihn vor seinen Kameraden auf der Straße nieder. Er war sofort tot gewesen.

Der Silberberg

Auf dem Silberberg bei Spornitz wächst am Johannistag eine silberne Blume. Sie ist aber nur zu sehen, wenn die Sonne an diesem Tag ihren Zenit erreicht hat und gerade hernieder auf die Erde scheint. Wer in der Zeit die Blume sieht, dem öffnet sich der Berg und er kann den Schatz, der sich im Inneren befindet, heben.

Die Streithorst

Die Parchimer wollten die Fläche ihrer Stadt immer mehr vergrößern. Sie kauften auch Lübow auf und ließen es wenig später wüst werden. Nur das Lübower Holz gehörte ihnen noch nicht, aber das sollte nun auch gekauft werden. Aber da meldeten sich die Spornitzer und reklamierten das Lübower Holz und die Horst für sich. Der Streit ging hin und her und zog sich lange hin; aber die Parchimer waren klüger und gerissener. Sie schlugen vor, an Ort und Stelle die Streitigkeit zu lösen. Es wurde verhandelt, gestritten, geschrien und auch fast noch geprügelt. Aber die Parchimer hatten vorgesorgt und einen Mann mitgebracht, der unter Eid aussagte: „Ich stehe hier auf Parchimer Grund und Boden." Aber nur die Parchimer wussten, dass dieser Mann gelben Sand aus der Feldmark Parchim in seine Stiefel gefüllt hatte. Er `stand` somit auf Parchimer Boden, aber ansonsten hatte er faustdick gelogen.

Junge als Werwolf

Ein Junge aus Spornitz wollte den anderen zeigen, was er konnte. Er nahm den Riemen seines Vaters und sagte, ehe er sich den Riemen umschnallte, ruft mich bitte gleich bei meinem Name, dann bin ich wieder Mensch. Er verwandelte sich sofort in einen Werwolf. Aber die anderen Kinder vergaßen in ihrer Angst was sie rufen sollten. Ein Werwolf im Zimmer, da sprangen sie alle auf Tische und Bänke. Zum Glück kam da die Mutter nach Hause und rief ihren Sohn beim Namen. Der Spuk war sofort vorbei.

Der Werwolf

Neun Fohlen in drei Nächten hatte ein Werwolf in Spornitz gefressen. Der wollte auch einen Hütejungen, der auf dem Felde mit weiteren Kindern Pferde hütete, zerreißen. Die Kinder kamen ins Streiten und dabei wurden auch Schläge ausgeteilt. Da verwandelte sich der eine in einen Werwolf und ging ganz wild auf den anderen los. Der schrie in seiner Angst: „Johann Hinnerk, du alter Werwolf", und da wurde der wieder ein Mensch.

Die seltsame Katze

Ein Mann aus Spornitz war zu Besuch bei einer alten Frau in Godems. Die hatte drei Katzen und er gar keine, obwohl er dringend eine zum Mäusefangen brauchte. „Kann ich eine von deinen Katzen mit nach Hause nehmen?" „Natürlich, such dir eine Katze aus und die dir gefällt nimmst du mit." Er griff sich eine Katze, steckte sie in einen Sack und fuhr heim. Dort angekommen, öffnete er ihn in der Stube und die Katze verschwand sofort hinter dem Ofen. Nein, nein, sagte der Mann, dort ist nicht dein Platz – du sollst Mäuse fangen. Die Katze antwortete: „Ich kann aber keine Mäuse fangen." „Was kannst du dann", fragte der Mann zurück. „Ich kann was holen." „Gut, dann hol mir doch einen Sack voll Geld", schmunzelte der Mann. Am anderen Morgen stand die Katze mit einem Sack voller Geld vor ihm. Der einfältige Mann dachte nun, Geld habe ich jetzt genug, dann kann die Katze auch wieder zur Alten zurück. Gedacht, getan. Er legte sie der Alten vor die Füße und meinte: „Die sitzt nur hinterm Ofen, die kann ich nicht gebrauchen." Vom Geld kein Wort – aber die Alte wusste Bescheid und meinte: „Hättest du sie ein zweites Mal losgeschickt, dann wäre sie für immer bei dir geblieben." Er ging zurück ins heimatliche Spornitz, aber der Sack voller Geld war weg. Die beiden anderen Katzen hatten es geholt.

Steinbeck

Olljahrsabend

In Steinbeck wurde einst erzählt, dass Frau Waur immer in den zwölf Nächten durch die Lüfte gezogen ist. Es wurde aber auch gesagt, nur am Olljahrsabend (Sylvester) zieht sie durch die Gegend. Ihre Hunde hätte sie immer in ihrem Wagen dabei.

Brand beim Pächter

Pächter Hagemann in Steinbeck war für seine Untertanen und die Leute aus Spornitz, die bei ihm arbeiten mussten, ein unbeliebter und gehasster Mann. Er kannte keine Schonung und galt als hart und ungerecht. Aber für jeden kommt einmal die Stunde.
Die Bauern aus Spornitz waren bei ihm mit allen verfügbaren Leuten im Heu. Da sahen sie eine Rauchwolke, die sich schnell vergrößerte und dann auch Flammen gen Himmel lodern. Sie baten ihn inständig darum, das Feld verlassen zu dürfen um beim Löschen zu helfen. Die Bauern glaubten, es brenne in Spornitz. Da er nicht wollte, dass die Leute die Heuernte unterbrachen sagte er, das wäre in Dütschow oder Blievenstorf. Sie sollten es nicht wagen hier wegzulaufen. Wer et täte, würde von seinem Vogt durchgepeitscht. Es dauerte nicht lange, da kam der Kutscher von Steinbeck her quer über die Wiese gerannt und schrie: „Das Wohnhaus des Amtmanns brennt." Jetzt, da es ihn selbst betraf, war er wie ausgewechselt. Er trieb alle an, nach Steinbeck zu laufen und beim Löschen zu helfen. Aber keiner beeilte sich übermäßig und alle sahen dies als gerechte Strafe an. Bevor die Leute zum Einsatz kamen war das Wohnhaus schon niedergebrannt.

Die Irrfahrt des Kutschers

Hinterland, so hieß der Kutscher vom Hof in Steinbeck. Mit der Kutsche, so lautete sein Auftrag, solle er den Herrn vom Bahnhof in Dütschow abholen. Er musste den Teufelsweg flott entlang fahren, weil die Zeit schon knapp wurde. Da hörte er den Zug schon pfeifen und er trieb die Pferde noch schneller an. Was er auch tat, er kam nicht so recht vorwärts. Sein Herr aber hatte sich schon zu Fuß auf den Heimweg begeben. Da sah er seinen Kutscher auf dem Wagen dahinjagen und rief ihm zu, was er da wohl mache. Hinterland hörte es und wusste sogleich Bescheid. Am anderen Tag ging Hinterland zur besagten Stelle. Dort stellte er fest, dass er mit seinem Kutschwagen die ganze Zeit um die Wasserkuhle am Teufelsweg herumgefahren war und immer knapp an der Uferkante entlang. Er staunte nur, dass sein Gefährt nicht in den Tümpel gerutscht war.

Der verirrte Stallmeister

Auch der Stallmeister vom Hof Steinbeck hat seine Erfahrungen mit dem Teufelsweg machen müssen. Es war schon lange dunkel, als er noch einmal die Kartoffelmieten unweit des Teufelsweges inspizieren wollte. Die Kühe weideten ebenfalls dort und so war es nicht verkehrt, noch einmal nach dem Rechten zu sehen. Die Mieten waren von den Tagelöhnern ordnungsgemäß abgedeckt worden, nun konnte er beruhigt nach Hause gehen. Er lief und lief und kam aber nicht voran. Zwei Stunden waren schon vergangen, da kam ihm ein Licht entgegen. Zum Glück war es seine Frau, die gewartet und sich Sorgen gemacht hatte. So soll es aber einigen Steinbeckern ergangen sein. Statt über das Feld nach Hause zu gehen liefen sie auf dem Teufelsweg lang und verirrten sich. Die Leute im Dorf meinten dann: „Der hat sich verbiestert (verlaufen).“

Der Teufelsweg

Auch junge Mädchen machten mit dem Teufelsweg so ihre Erfahrung. Eins wohnte mit ihrer Mutter hier in Steinbeck und sie hatte auf ihrer Arbeitsstelle in Dütschow einen jungen Mann kennen gelernt. Ihn und seine Eltern besuchte sie dort regelmäßig, wie an jenem Sonntag. Sie kam am Vormittag und wollte gegen Abend den Heimweg antreten. Der Schwiegervater begleitete sie ein ganzes Stück, den Rest wollte sie alleine gehen. Sie lief und lief, kam aber nicht so recht vorwärts. Da hörte sie plötzlich ein Geräusch an ihrer Seite: ein schwarzer Pudel lief neben ihr her. Etwas bange wurde ihr schon und sie wurde schneller, aber der Pudel blieb in ihrer Nähe. Erleichtert sah sie die ersten Häuser vor sich. Aber was war das! Nein, Steinbeck war das nicht, sie war wieder in Dütschow!

Der Sohn des Dorfschneiders

Einmal im Jahr, im Herbst, besuchte der Sohn seine Eltern in Steinbeck. Sein Vater war dort der Dorfschneider. Bis Dütschow fuhr er mit dem Zug und dann eilte er zu Fuß auf dem Teufelsweg bis nach Steinbeck. Diesmal war er später angereist und es wurde schon dunkel. Den Teufelsweg und die Geschichten darüber kannte er schon lange. Trotz Schummerlicht fand er den Weg – und lief und lief. Der Acker nebenan war frisch gepflügt worden. Weil er nun schon so lange gelaufen war dachte er, nur runter vom Teufelsweg, rein in die frische Pflugfurche. Nun muss ich doch bald ins Dorf kommen, aber da stand er auf einem Berg. Aber hier hatte er doch schon vorhin gestanden. Er lief weiter und kam wieder am Teufelsweg an, den er doch nicht gehen wollte. Wieder ging er in der Furche weiter und stand wieder auf dem Berg.... So ging es die ganze Nacht hindurch. Nun wurde es langsam hell und Leute gingen zur Arbeit. Erschöpft erkannte er, dass er die ganze Nacht immer um den Berg herum gelaufen war.

Der Moorridder

Eine Frau wurde immer sehr von Alpträumen geplagt. Sie erhielt den Rat folgendes zu sagen: „Komm morgen früh wieder, dann will ich dir einen Taler geben!“ Ein Knecht, der ihr Moorridder war, hat sich am Morgen auch den Taler geholt. Dann sind die Alpträume vorbei gewesen.

Die Dienstmädchen* und der Hund

Wenn Frau Waur kam, war sie nie ohne ihre zwölf Hunde. Es wurde gesagt, das waren die Zwölften. Einen Hund hat sie mal bei einem Bauern verloren und dort zurückgelassen. Das Dienstmädchen hatte Mitleid

mit dem kleinen Hund und versorgte ihn ein ganzes Jahr lang mit viel Liebe und Futter. Die Zeit war heran, Frau Waur stand wieder in der Tür, nahm ihren Hund an sich und schenkte dem Dienstmädchen ein goldenes Ei. Dafür konnte sie sich nun einen eigenen Bauernhof kaufen und lebte dort zufrieden und glücklich bis an ihr Lebensende.
Eine andere Dienstmagd, die den Hund nicht leiden konnte und ihn das auch spüren ließ, bekam einen großen Knochen. Der fing bald an zu stinken und tat das ein ganzes Jahr lang.
**Diese Sage wird aber auch über Knechte erzählt.*

Der gottlose Gutsherr

Stallmeister G. besaß früher den Hof Steinbeck. Er war gottlos, geizig und ein überaus harter Mann. Er wohnte aber nicht auf seinem eigenen Hof, sondern in Ludwigslust. Er kam oft zur Kontrolle, immer unangemeldet und damit auch unerwartet. Er ritt mit seinem Schimmel querfeldein um seine Leute zu überraschen. Wenn er eine Nachlässigkeit oder auch nur einen kleinen Fehler bemerkte, dann traf es den Sünder sehr hart. Dieser Herr duldete es auch nicht, dass seine Leute zur Kirche gingen. Wer es trotzdem tat wurde ausgepeitscht.
Es kam, wie es kommen musste, der Herr wurde plötzlich sehr krank. Sein Gewissen rührte sich aber erst auf dem Totenbett, nun bedrückte ihn sein Lebenswandel. Er schickte einen Boten nach Steinbeck und ließ dort ausrichten: „Seine Leute sollten bitte am Sonntag zur Kirche gehen und für ihn beten." Trotz aller ertragenen Leiden gingen sie brav zur Kirche und beteten für ihren Herrn. Doch seine Zeit war um und er ging ohne seinen Seelenfrieden auf die letzte Reise. Seitdem irrt er ruhelos umher – und manche wollen ihn nachts auf seinem Pferd gesehen haben.

Grab des Riesenkönigs

In der Feldmark in Steinbeck erhebt sich der Fießenberg, dicht am Teufelsweg nach Brenz hin. Ältere kennen ihn noch als ‚Steinberg', weil auf seiner Kuppe ein großer Steinhaufen lag. Unter diesem großen Steinhaufen soll im Berg das Grab eines Riesenkönigs sein. Nach und nach wurden die Steine im Lauf der Zeit abgefahren. Nun weiß keiner mehr, wo genau sich der Steinberg befunden hat und an welcher Stelle man nach dem Schatz graben sollte.

Der gedeckte Tisch

Auf dem Fießenberg soll es manchmal nicht mit rechten Dingen zugegangen sein. Dort beackerte ein Bauer mit seinem Kleinknecht den schweren Boden. Vier Pferde hatten sie vorgespannt, damit das Pflügen auch noch stark bergab überhaupt gelang. Wieder oben angekommen hoben sie ihre Köpfe und staunten: Auf der Bergkuppe stand ein reich gedeckter Tisch mit Brot und Wurst, Wein und Bier, Obst und Gemüse und sogar mit Branntwein. Der Kleinknecht besah sich alles, schüttelte den Kopf und sagte zum Bauern: „Nein, ich rühre davon nichts an.“ Auch der Bauer traute sich nicht. Sie pflügten weiter bis ins Tal und wieder zurück, bis hin zum Tisch. Nun griffen doch beide zu und bedankten sich danach ganz herzlich für alle Gaben. Wieder ging es bergab und wieder bergauf. Da war der Tisch verschwunden.

Frau Waur

In den zwölf Nächten wurde keine Wolle gesponnen. Aber einmal sah Frau Waur, dass in einem Bauernhaus gesponnen wurde. Da kam ein Arm durch das Fenster und eine Stimme rief: „Alle Donnerstagabende wird gesponnen, doch ein blutiger Arm nicht beweint.“ Frau Waur duldete nicht, dass in den Zwölften gesponnen wurde und so ließ man es zukünftig sein.

Hundepflege

In einem niederdeutschen Bauernhaus mit durchgehender Diele blieb einmal die Tür offen stehen. Durch diese Tür ist Frau Waur einfach ins Haus gekommen und hat einen Mauerstein auf den Herd gelegt. Danach schaute sie in die Stube und sagte den Leuten, sie habe einen

Hund auf den Herd gelegt. Sie sollen ihn füttern und in zwölf Tagen käme sie wieder vorbei um nach ihm zu sehen. Die Leute liefen zum Herd hin und sahen nur einen Mauerstein. Sie haben das Futter immer neben den Stein gesetzt und es war auch nach kurzer Zeit immer verschwunden. Nach zwölf Tagen ist Frau Waur auch wirklich wiedergekommen. Sie hat zu den Leuten gesagt, geht nach der großen Weide hin die vor dem Hof steht. Dort hätte sie Späne gemacht und die könnten die Leute sich holen. Da sind sie auch hingegangen und haben gestaunt, denn da lagen lauter Goldstücke als Dank für die Fütterung.

Die Mordskuhle

Es war im Jahre 1926, als sich die Tochter des damaligen Gutsverwalters in einen Pferdekutscher verliebte, der auf dem Gut arbeitete. So ein Klassenunterschied war damals unüberwindbar, so etwas wurde nicht geduldet! Es war höchst unangemessen, dass sich die Tochter eines Gutsverwalters in einen Knecht verliebte und ihn gar heiraten wollte. Die Eltern verboten diese Liebschaft - ohne wenn und aber….

Die beiden Verliebten waren sich ihrer aussichtslosen Lage bewusst und beschlossen ein gemeinsames Ende. In der Mergelkuhle - ihrem geliebten Treffpunkt - wollten sie mit dem Jagdgewehr des Verwalters gemeinsam ihr Leben beenden. Uhrzeit und Datum wurden verabredet und das Mädchen war zuerst am Treff. Auf ihren Geliebten wartete sie vergeblich, war er zu feige und ließ er sie jetzt allein? Er war nicht gekommen, aber Ilse Hansen erschoss sich in der Kuhle, die bis heute Mordkuhle genannt wird.

Ihre Eltern veranlassten, dass genau an dieser Stelle im Jahre 1927 ein Gedenkstein errichtet wurde. Dieser Stein erinnert bis heute an das Drama.

Sukow

Die Elendseichen

Gegenüber vom Reiterhof Mietz, auf der anderen Seite der Straße „Am Kamp", standen früher die Elendseichen. Auf dem Wege von Sukow nach Banzkow lag hier einst ein Bauernhof, der „Hahnenkamp". Es soll eine doppelte Bauernstelle gewesen sein auf der ein Graf „Hahn" gewohnt hat.
Eines Tages kam zu diesem reichen Bauern ein ganz armer Wicht und bettelte um eine Gabe. Das war nichts für den Reichen, der nahm seine Hundepeitsche und jagte den ungebetenen Gast vom Hof. Der Arme war verbittert und weil gerade ein Gewitter heranzog, flehte er gen Himmel: lass doch bei diesem hartherzigen Mann einen Blitz einschlagen. Kaum war er bei den Eichen angekommen, da sah er den Hof des Reichen schon in hellen Flammen stehen. Auch der Hofbesitzer lief, wahrscheinlich um sein Leben zu retten, zu den Eichen. Kaum war er bei den Eichen angelangt, schlug ein Blitz ein. Er tötete beide, den Reichen und den Armen. Sie wurden gemeinsam unter einer der drei Eichen begraben. Die vom Blitz getroffene Eiche vertrocknete bald und ging ein, aber noch lange waren ihre Wurzeln zu sehen. Heute erstreckt sich dort ein weites Feld mit einem freien Blick in Richtung Sukower Berg und Bahlenhüschen.
Diese Fläche wurde einst auch „Kräugeracker" genannt.

Räuberische Krügersleute

In alten, längst vergangenen Zeiten stand bei Sukow ein Krug. Heute steht auf dieser Stelle ein Bauernhof. Die Fuhrleute, die auf dem Hamburger Frachtweg von Banzkow nach Crivitz mit ihren Pferdewagen unterwegs waren, kehrten hier gern und oft ein. Sehr rechtschaffen scheinen die Wirtsleute damals nicht gewesen sein, denn mancher Fuhrmann verschwand spurlos von der Bildfläche. Die Krügersleute hatten es auf deren Geld und Wertsachen abgesehen. Nach vielen, vielen Jahren fanden Bauleute auf der Hufe 13 einen Schatz. Es war die Stelle, wo einst der Gasthof stand. Der Schatz, bestehend aus 745 Münzen, war beträchtlich. Alle waren zwischen 1489 und 1550 geprägt und aus dem Datum der jüngsten Prägung kann man schließen, wann die Münzen versteckt wurden. Viel Nutzen scheinen die Wirtsleute von ihrer Beute nicht gehabt zu haben. Hätten sie das Geld aber ausgegeben, wären die verruchten Taten wohl schon früher aufgedeckt worden.

Der mitleidige Bauer

Um Holz einzuschlagen war ein Sukower Bauer in seinen nahen Wald gegangen. Dort fand er einen Hund, der herzerweichend winselte. Seine Pfoten waren so wund, dass er damit nicht mehr auftreten konnte. Ganz blutig sollen sie gewesen sein. Um dem Hund zu stärken gab er ihm seine Brote, die er für das Frühstück dabei hatte und er blies zur Kühlung auf dessen Pfoten. Plötzlich sah er eine Reiterin mit elf Hunden durch die Luft genau auf ihn zukommen. Sie hielt an und sagte zu ihm: „Du hast meinen zwölften Hund wieder auf die Beine gebracht. Das hast du nicht umsonst gemacht. Sammle dir den Dreck vom kranken Hund, das soll dein Lohn sein."
Kaum hatte sie es gesprochen, da ritt sie wieder himmelwärts. „Närrische Alte", dachte der Sukower Bauer, aber er nahm den Hundedreck auf und wickelte ihn in sein Brotpapier. Aus dem Dreck wurde in der angekündigten Dankbarkeit Gold.

Unterirdische stehlen Kinder

Zwei weiße Weiber wohnten im Hause des jungen Warnke in Sukow. Unter einer Diele, gleich neben dem Kuhstall, hatten sie ihr Domizil. Sie stahlen kleine, noch nicht getaufte Kinder und legten dafür ihre Wechselbälger in die Wiege. Deshalb wurde jedem ungetauften Kinde nachts ein Lichtlein ans Bett gestellt, um die Gefahr abzuwenden.
Wenn Neumond war, so im Zwielicht des Abends, schrie eine der weißen Weiber in die Stube des Bauern: „Leiht uns euren Braukessel ein bisschen!"
Die Bauersfrau ging daraufhin in die Küche und stellte den Kessel wie gewünscht auf die Diele. Nach dem Abendessen der Bauern war der Kessel weg. Drei Tage später rief das weiße Weib: „Hier ist euer Braukessel wieder. Wir bedanken uns auch." Die Frau fand im Kessel als Dank stets einige Kannen mit bestem Bier.

Wie so oft im Leben, wird manche Geschichte nicht nur einmal erzählt. Auch vom Bauern Johann Wilke, ebenfalls aus Sukow, gibt es eine. Dort war das Viehhaus das Domizil der weißen Weiber, aber ebenfalls unter dem Fußboden. Auch hier wurde der Kessel zum Bierbrauen ausgeliehen und dafür mit feinstem frischen Bier bezahlt. Schweine sollen sich in diesem Haus aber nicht sonderlich entwickelt haben, nur Kälber gediehen prächtig.

Rat des Unterirdischen

Ein Bauer aus Sukow säte einst auf seinem Acker Korn aus. So recht ging ihm die Arbeit aber nicht von der Hand, er fühlte sich schlapp und matt. Deshalb setzte er sich am Rande nieder und hielt in der Arbeit inne. Bald hörte er seinen Namen rufen: „Johann! Johann!“ Als er sich umblickte stand ein kleines Männchen neben ihm, das einen langen Bart trug. Das Männchen sprach: „Ist unnütz, was du hier machst!“ „Warum das“? fragte der Bauer zurück. „Ist eine unsichere Stunde. Was zu dieser Stunde gesät wird, trägt den Tod in sich. Bleib hier sitzen, bis die Glocke einmal voll geschlagen hat. Dann säe weiter.“
Der Mann tat, was ihm das Männlein empfohlen hatte. Als es zur vollen Stunde schlug, arbeitete er weiter. Die Saat ging auch bald auf, aber zur Erntezeit kam die Überraschung. Das zuerst gesäte Korn stand schlecht, hatte nur Brand und Schmeiß. Es war nicht zu verwenden. Das zuletzt gesäte aber brachte die zwanzigfache Löhnung.

Weißes Weib

Auf einem Lewitzhorst am Rande der Sukower Feldmark wohnte ein anderes weißes Weib, das besonders die Forstarbeiter und die Hirten ärgerte. Mal verjagte sie das Vieh, mal versteckte sie das Werkzeug und trieb so ihr Unwesen in der Gegend. Eines Morgens, der Schmied wollte gerade nach seinem Kohlemeiler schauen und die Rauchlöcher wie an jedem Tag verstopfen, hörte er ein Geräusch. Es war recht seltsam und passte so gar nicht in die Stille des Morgens. Kaum hatte er so gerätselt, sah er ein weißes Weib mit ungekämmten fliegenden Haaren, ungewaschen und nass vor Schweiß an ihm vorbei rennen. Der

Schmied schaute ihr nach und dachte so bei sich: „Da ist wohl die Frau Waur hinterher.“ Da war auch so und schon stellte sie ihm die Frage: „Hast du kein weißes Weib gesehen?“ So richtig kam er nicht zur Besinnung, da hörte er sich sagen: „Vor fünf Minuten rannte hier eine ungekämmt und ungewaschen vorbei.“ Da sprang die Wilde Jägerin von ihrem Pferd und wusch sich in ihrem eigenen Wasser, abgetrocknet hat sie sich an ihrem langen Jagdkleide. Dann sprang sie ganz flott wieder aufs Pferd und ritt weiter. Nach kurzer Zeit kam die Wilde Jägerin zurück. Vor ihr auf dem Pferd lag ihre Jagdbeute, das weiße Weib.

Räuber im Nettelrad

Das Nettelrad, ein heute noch bestehendes Waldstück zwischen Sukow und Banzkow, war oft Schauplatz von gruseligen Geschichten. Auch ein Räuber hatte hier einmal sein Domizil aufgeschlagen. Der war gar listig. Er spannte einen Draht über die Straße, der bis zu seiner Behausung führte. Berührte jemand den Draht klingelte es in seiner Hütte. Schleunigst kam er hervor und kassierte „Wegegeld“. Den Bauern war dies leid und sie versammelten sich mit allerlei Gerät, um den Räuber zu vertreiben. Sie zogen ins dunkle Holz und in die noch dunklere Hütte. Man konnte die eigene Hand nicht vor Augen sehen. Urplötzlich stand ein schwarzer Kerl vor ihnen. „Hast Du was gesehen?“ fragte er den ersten Bauern schroff. Sprechen konnte der vor Angst nicht, nur mit dem Kopf schütteln. Das war wohl in dem Augenblick sein großes Glück. Kaum war er ein Stück weiter gekrochen, schrie es hinter ihm gar fürchterlich. Der Schwarze hatte sich einen anderen Bauern gegriffen und marterte ihn. Es muss wohl gar gruselig gewesen sein, denn die Bauern haben allesamt schleunigst diesen Ort verlassen. Der Räuber wurde dabei auch nicht gefasst. In dunklen Nächten soll dort auch heute noch ein einsamer Schimmel vor einem Pflug gehen und nur sehr furchtsame Wanderer können ihn sehen.

Räuber Röpke

In den Stahlbergen bei Crivitz, hin bis Flakenfort unweit Sukow, lag das Reich von Räuber Röpke. Er war berühmt und zugleich gefürchtet. Zogen an seiner Behausung Leute vorbei, erklang sogleich sein Schlachtruf: „Röpke mit seinen sieben Köpfen auf den Tisch.“ Wenn eine kleine Glocke läutete, zeigte sie ihm den „Besuch“ von Bauern oder anderen Vorbeiziehenden an. Meist ergaben sich die Leute willenlos, um ihr Leben zu retten. Aber bei Gegenwehr war es schlimm um sie bestellt. Nun war einst ein Jäger unterwegs, der einen Drachen verfolgte und der sah Röpke kommen. Er beobachtete wie sich Röpke ungewöhnlich verrenkte, hin und her sprang und dann plötzlich weg war. Diese Stelle merkte sich der aufmerksame Jäger genau. Er suchte sich Verbündete und sie gruben dort mit Hacke und Schaufel, aber sie fanden zuerst nichts. Doch dann stießen sie auf einen Gang und dieser

In dieser Form kann man ‚Räuber Röpke‘ auch heute noch in der Lewitz begegnen – als Namensgeber für einen Sagenpfad.

führte zu einer Höhle. Natürlich „wartete“ hier schon der Räuber Röpke und eine derbe Prügelei ging los. Es dauerte lange bis sich der Räuber geschlagen gab. Er war aber mitten in den Kampfhandlungen so schwer verletzt worden, dass er noch vor Ort starb.
In seiner Höhle stand ein Tisch, mitten auf der Tischplatte brannte eine Lampe umgeben von sieben Totenschädeln. Das Glöcklein war gleich an der Tür befestigt und ein feiner dünner Draht führte zum Hohlweg. Es läutete wenn der Draht unbewusst berührt wurde. Einen großen mit einer dicken Haut überzogen Bottich sollen die Bauern ebenfalls gefunden haben. Darin soll köstliches Bier gewesen sein. Es entschädigte alle für die blauen Stellen aus dem harten Kampf.
Die Schätze vom Räuber Röpke liegen immer noch zwischen den Stahlbergen und Flakenfort. Sie leuchten jeden Monat einmal, aber ein großer schwarzer Hund lässt keinen an die wertvollen Sachen heran. Ein Schmied soll es einst geschafft haben, er holte mit einer ganz langen Eisenstange ein paar Kohlen vom Feuer. Als er sie am anderen Morgen genau betrachtete, da sah er blanke Goldklumpen.

Frau Waur`s wilde Jagd

Im Spätherbst hatten Mutter Warnke und das Dienstmädchen noch abends in der Backstube den Teig eingesäuert, damit sie am nächsten Tag backen konnten. Das Dienstmädchen deckte ordnungsgemäß den Teig zu und derweil sah Muttern noch einmal zur Hintertür hinaus, ob alles beim Rechten war. Ein Getöse kam herüber von der Lewitz und sie sprach sofort zum Dienstmädchen: „Da ist die alte Wetterhexe Waur schon wieder.“ Sie wollte die Hintertür gerade schließen, da drängten sich die Hunde der wilden Jägerin schon in die Backstube hinein. Sie schlürften natürlich sofort von dem frischen Teig. Fassungslos sagte die Frau: „Nun frisst das Teufelszeug mir den ganzen Teig auf.“ Kaum hatte sie den Satz ausgesprochen, da gab Frau Waur mit ihrem Horn ein Signal und die ganze Hundemeute stürzte aus der Backstube heraus über den Hof und weg waren sie. Mutter Warnke schaute zum Hoftor, dort jagte Frau Waur bereits hoch zu Ross ihrer Hundemeute hinterher. Auf ihrem Schoß lagen zwei weiße Weiber, die an den Haaren zusammengeknüpft waren. Seit dieser Begebenheit wurden weiße Weiber auf dem Hof von Warnke nicht mehr bemerkt.

Magd erhält Entschädigung

Der Backtag wurde immer mit dem Einsäuern des Teiges am Tag oder am Abend vorher vorbereitet. Die Magd hatte zwar ihre Arbeit ordentlich verrichtet aber – warum auch immer – vergessen, die Tür richtig zu schließen. Mit riesigem Lärm stürzten sich viele Hunde auf den Teig und fraßen ihn auf. Die Leute standen nun fassungslos da und jammerten. Nur die Magd erdreistete sich und fragte ganz aufgebracht: „Was kriegen wir nun dafür." Ein Hund aus der Menge antwortete ihr: „Oh, schaut mal bei der großen Tür nach." Die wilden Hunde hetzten wieder davon und die Magd sah nach. Ein großer Haufen Pferdemist lag vor der großen Tür, sonst nichts. Ärgerlich stieß sie den Mist zur Seite. Am nächsten Morgen, sie traute ihren Augen nicht, lag an dieser Stelle ein schöner Haufen Geld – der Lohn für den Teig.
Verwünschte Edelleute, die zu Lebzeiten die Jagd unvernünftig ausgeübt hatten, zogen so durch die Lewitz – das wurde lange erzählt.

Tramm

Die Beschwerde

Zwerge gab es auch im Dorf Tramm, am Rande der Lewitz gelegen. Ihr Verhältnis mit den Dorfbewohnern war gut und keiner tat dem anderen etwas zu Leide. Unter dem Kuhstall von Bauer Krüger hatte einer seine Wohnung gebaut. Kühe und Zwerge kamen bestens miteinander aus; von den Zwergen war auch sonst nichts zu merken. Der Bauer stellte eines Tages die Tiere auf seinem Hof um; wo einst die Kühe standen, da waren nun die Ochsen. Seit dieser Zeit war nun ein ständiges Rumoren und Grummeln unter dem Fußboden hörbar. Eines Tages stand ein völlig durchnässter Zwerg vor dem Bauern und beschwerte sich: „So kann es nicht weitergehen. Eine trockene Wohnung hatte ich, solange die Kühe im Stall standen. Aber die Ochsen, die pissen mir immer auf den Tisch!"

Der Schwarze Berg

In Tramm, am Rand der Lewitz gelegen, gibt es auf einem Acker den Schwarzen Berg. Den sollen Söldner erst im Dreißigjährigen Krieg aufgeschüttet haben. Auf diesen Berg wollten sie ihre Kanonen stellen und das Dorf beschießen. Ob der Plan gelungen ist, weiß man aber nicht genau.
Alter Spruch: De Trammer Sandhasen können de Crivitzer in Hinnern blasen.

Stur wi de Trammer Gös,
sitten up´t Warer un supen nich.

Die Glocken läuten für alle

Zu Johanni soll es gewesen sein, als eine alte Frau aus Tramm an einem Wasserloch ihre Kleidung wusch. Gleich in der Nähe lag ein großer Stein, bestens geeignet um die Wäschestücke darauf zu trocknen. Eine andere Möglichkeit gab es auch weit und breit nicht. Als sie die trockene Wäsche vom Stein nehmen wollte staunte sie sehr: darunter kam eine große Glocke zum Vorschein. Im Dorf erzählte sie allen diese Neuigkeit und jeder wollte sehen wo sich die Glocke befand. Die Geschichte machte auch bald in den Orten um Tramm herum die Runde und nun kamen auch hohe und edle Herren. Sie meinten, die Glocke gehöre ihnen. Pferde wurden angespannt, aber immer wieder reichte deren Kraft nicht, um die Glocke aus dem Erdreich zu bewegen. Zuletzt waren es 48 Pferde die zum Einsatz kamen. Aber sie bewegte sich nicht. Diese Herren sollen in der Folge alsbald verstorben sein. Ein alter Bauer, der allerdings nur zwei Ochsen besaß, probierte es auch. Mit Erfolg. Die aus dem Erdreich befreite Glocke wurde zur Kirche gebracht und läutet seitdem für alle Dorfbewohner. Für jung und alt, für arm und reich und immer mit Gott. Es wird vermutet, dass die Glocke von einem wüst gefallenen Dorf stammt.

Eheweib als Hexe

Eine Hexe als Eheweib, das hätte der Schmied von Tramm nie zu träumen gewagt. Auch nicht, als man ihm das hinter dem Rücken seiner Frau zutrug. Als Beweis wolle er die Maitagsnacht (vom 30. April zum 1. Mai) in seiner Schmiede durcharbeiten Die Frau müsse ihm ja dabei helfen und könne deshalb in der Walpurgisnacht nicht zum Hexenplatz fliegen. Sie zog nun in der Nacht den Blasebalg, aber um Mitternacht wurde das Feuer schwächer. Er rief seiner Frau „Stärker ziehen" zu, aber es half nicht, der Luftstrom wurde immer geringer. Da gab er ihr eine kräftige Ohrfeige und sie fiel um. Vor ihm lag aber nur ein Bund Stroh. Das hatte in Gestalt seiner Ehefrau am Blasebalg gestanden.

Verwandelte Kohlen

Spät abends drosch ein Trammer Büdner noch sein Korn. Mitten in der Arbeit kam eine alte Frau zu ihm und bat um einige Kohlen. Der Büdner wollte seine Arbeit nicht unterbrechen, deshalb bat er die Alte doch selbst in den Schuppen zu gehen. Soviel wie sie benötigte könne sie einfach mitnehmen. Dankend ging die Frau davon. Erst kurz nach Mitternacht hatte er seine Arbeit verrichtet und er schaute, bevor er ins Haus ging, nochmals nach dem rechten. Als er in den Kohlenschuppen kam traute er seinen Augen nicht. Statt der Kohlen lagen da blanke Gulden.

Der große Stein bei Tramm

Ein ziemlich großer Stein liegt in der Feldmark bei Tramm. Auf ihm befindet sich eine Rinne und man könnte fast meinen, ein Strick hätte irgendwann die Rinne eingeschnitten.
Nahe Bahlenhüschen wohnten auf einem Berg (vielleicht auf dem Krähenberg) Riesen. Sie hatten den großen Stein an einem Strick befestigt und wollten ihn gegen die Kirche und den Turm in Kladrum werfen. So richtig hat es wohl nicht geklappt, denn er fiel bereits auf der Trammer Flur herunter.
Einem Förster aus Bahlenhüschen hat dieser Stein einst gefallen und er ließ ihn zu seinem Haus bringen. Von Stund an fand er Tag und Nacht keine Ruhe mehr. Er hat den Stein kurzerhand an seinen alten Platz zurückbringen lassen und alles war wie vorher.

Leichenzug

Junge Leute gingen schon immer gern zum Tanz ins Nachbardorf. So auch einige junge Bauernburschen aus Tramm, die nach Ruthenbeck wollten. Sie fuhren sogar mit dem Fuhrwerk eines jungen Bauern ins Nachbardorf, gegen Mitternacht ging es wieder zurück. Nur einer wollte lieber zu Fuß gehen und dafür sogar noch einen Umweg über Göhren machen. Die anderen lachten nur und fuhren los. Zuerst war der Fußgänger im Dorf angekommen und er fragte schelmisch lächelnd und noch scheinheilig dazu: „Wo kommt ihr denn jetzt erst her?“ Bleich und sehr wortkarg berichteten die anderen, was ihnen unterwegs zugestoßen war. Auf dem glatten und gut ausgefahrenen Sandweg habe der Wagen zu rumpeln begonnen und alle wurden auf dem Wagen hin und her geworfen. Sogar ein Rad brach ab. Mit viel Mühe kamen sie dennoch ins Dorf. Der Fußgänger lächelte immer noch und meinte, das habe er gewusst und er sei deshalb gelaufen. „Zu Mitternacht zieht immer der Leichenzug von Göhren nach Zapel und über den seid ihr hinweg gefahren. Mitternacht fährt man nicht über den Kreuzweg.“ Der besagte Leichenzug benutze den alten Stadtweg nach Crivitz und mit einem Wagen kreuzt man dann den mitternächtlichen Leichenzug.

Fest gebannt

Zum Markt nach Crivitz wollte einst ein Bauer aus Tramm fahren. Am Kreuzweg hielt er an um einen mit zu nehmen, der auch nach Crivitz wollte. Es dauerte gar nicht lange und dieser gab vor dem Bauern zum Besten, was er alles so draufhatte und brüstete sich mit seinen Taten. Bauern sind ja meist gelassen und auch dieser nahm die schwülstigen Reden einfach hin. Der Fremde sprach: „Wenn ich es will, so banne ich deine Pferde fest.“ „Dann will es man“, war die Antwort. Gesagt, getan, es gab einen Ruck und die Pferde standen. Der Bauer staunte nicht schlecht und gab seinen Pferden gar mächtig Zuspruch, aber der Wagen stand fest. Der Bauer stieg ab und besah sich sein Fuhrwerk von allen Seiten, aber sehen konnte er nichts. Nur der Mitfahrer grinste hämisch vom Wagen herab. Listig sagte der Bauer zu diesem Kerl, gib mir doch bitte deine Jacke. Nichts ahnend reichte der dem Bauern seine Jacke. Nun nahm der Bauer einen Knüppel und legte los. Er schlug wie wild auf die Jacke ein und der Kerl auf dem Wagen brüllte vor Schmerzen. Denn alle Schläge trafen ihn. Bald fiel er Tod vom Wagen. Der Bauer ließ den Kerl liegen, stieg wieder auf den Wagen und kam unbehelligt in Crivitz an.

Hund respektiert den Mariensteig

Die zweite Frau eines Trammer Bauern stammte aus Ruthenbeck. Eines Abends, sie wollte wieder einmal nach ihrer Familie sehen, ging sie auf einem Feldweg in Richtung alte Heimat. Frau Waur kam urplötzlich auf sie zu und sprach:
„Frau, sie müssen auf den Mariensteig gehen (so wurde der grüne Mittelstreifen auf den Wegen früher genannt), weil gleich ein großer Hund kommt und ihnen sonst etwas tut.“ Sie hörte auf den Rat von Frau Waur und es dauerte nicht lange, da kam der angekündigte Hund ihr entgegen. Getan hat er ihr nichts, nur lange angeschaut hat er sie.

Tuckhude

Wiesenmeisterei

Die kleine Siedlung Tuckhude (Kleine Weide) gibt es schon seit 1333. Der Wiesenmeister des Großherzogs hatte ab 1862 sein Domizil in Friedrichsmoor und 1901 erfolgte der Umzug nach Tuckhude. Zum neuen Sitz der Verwaltung des herzoglichen Hofes in Schwerin für die Lewitz gehörten außerdem ein Wieseninspektor mit Sekretär, zwei Wiesenmeister und fünf Wiesenwärter. Diese Verwaltung war die für die Unterhaltung der Gräben, Wege, Brücken, für die Regulierung und Beobachtung der Wasserstände und die Sicherstellung der Heuernte zuständig. Die Verpachtung der Wiesen und die Kontrolle der Arbeiten gehörten zu den Aufgaben der Wiesenmeisterei. Die Bauern mähten das Gras einst mühsam mit der Sense, trugen es auf geeignete Stellen zum Trocknen und brachten es später mit Fuhrwerken auf den heimatlichen Hof. Den Pferden wurden damals noch Bretter unter die Hufe gebunden, damit sie nicht so tief in den feuchten nassen Untergrund einsanken. Es war sehr schwere körperliche Arbeit – für Mensch und Tier.

Wiesenmeisterei in Tuckhude (Archiv: Vbf-Verlag Burkhard Fellner)

Zietlitz

Der Wassermann

In einem Sod (Brunnen, Ziehbrunnen) lebte einst ein Wassermann. Öfter griff er sich ein Mädchen vom Hof, wenn es Wasser holte. Dann ging es immer sehr schnell, er packte sie und zog sie kopfüber ins Wasser. Mit einem scharfen Messer schnitt er sie in zwei Teile. Die Leute hatten große Angst und wagten sich nicht mehr dort hin. So vergingen viele Jahre und keiner dachte mehr daran. Nun wollte er sich wieder ein Mädchen holen, aber es kam anders als gedacht. Er packte eine, aber sie hatte einen sehr breiten Gürtel um die Hüfte geschnallt, den er nicht zerschneiden konnte. Das Mädchen nahm er nun mit in sein Reich und sie musste ihm die Wirtschaft versorgen. Sie hatte freie Hand im Sod und durfte nur eine bestimmte Kammer nicht betreten. Die Jahre vergingen, der Wassermann und das Mädchen wurden vertraute Leute. Er hatte ihr sogar den Schlüssel zu dieser Kammer anvertraut. Nun dauerte es lange bis sie alleine war und endlich diese Tür öffnen konnte. Gold und Silber, Edelsteine und viele andere wertvolle Sachen lagen dort. Oh Gott, auch zahlreiche Leichen von Mädchen, die der Wassermann vor ihr geholt hatte, fand sie dort. Aber was war das – ein Zauberstab lag auf dem Tisch. Damit erweckte sie alle Mädchen und sie stiegen gemeinsam Hand in Hand aus dem Sod und waren gerettet.

Der Bodderwech, ein Ehestifter

Den Landweg von Zietlitz in Richtung Schwerin, den gibt es noch heute. Heute trägt aber keiner Butter und andere Erzeugnisse vom Bauernhof bis nach Schwerin zum Markt. Jetzt wird er zum Wandern genutzt. Es wird gemunkelt, dass von hier aus nicht nur die fertige Butter nach Schwerin getragen wurde. Es gab auch manche Überraschung bei der Ankunft auf dem Markt: Durch das Schaukeln und die Bewegen der Milchkannen auf dem Rücken war auf dem langen Anmarsch auch schon mal aus der Milch Butter entstanden!
Die Bauern gingen auch nicht stillschweigend zum Markt. Auf dem langen Weg wurden alle Neuigkeiten ausgetauscht; es wurde heftig getratscht. Bei all den Markttagen mit Spaß und Geselligkeit entstanden Kontakte und Freundschaften. Aus manch einer anfänglichen Bekanntschaft soll auch Liebe geworden sein. Es wurde geheiratet und die nächste Generation, die später den Bodderwech nach Schwerin bevölkerte, trat ins Leben.

Plattdeutscher Text zum Lewitzbuch

Übertragen von Lisa Mißfeldt

Brenz

De Düwel halt denn Preister

De Preister von Brenz wier een Preister vör denn‘ Herrn. Wenn hei so richtich in de Gäng wär, denn blarrten de Lüd, weil hei allens so indringlich dorstellen künn.
Oewer na de Predigt mök hei sik up denn Wech na Ludwigslust. Dor spälte hei an‘ ganzen Sündach Korden. Dat wier in olle Tieden keen göttlich Daun.
Na Ludwigslust un trüch na Brenz löt sik de Preister von een Buern führen. Dorbi kömen se ok an denn Niestädter See vörbi.
Mit eens würden de Pierd wild un de Buer künn sei kum hollen. Hinner denn Kutscher röp dat ümmer wedder von’n Preister: „Rerr mi, rerr mi!“ De Buer harr Schiss un wull so fix as mögelich na Hus. Mit de Pietsch het hei sien Pier andräben..
Tau Hus ankamen markte hei, dat de Preister wech wär. Nu würd de Preister söcht, oewer funn hebben sei em nich. Nur de Haut schwemmte up denn Niestädter See. De Düwel har denn Preister woll in denn‘ See treckt. Af dissen Tietpunkt brennte nachts bi de Brenzer Kirch ümmer dat Licht

Bahlenhüschen

Wie dei Urt tau sienen Namen keem

Vör denn 30jöhrigen Kriech sall et in de Gemarkung von denn hütigen Urt Bahlenhüschen schon een Dörp gäwen hebben.
Gliek hinner dat hütige Forsthus twiecht een Damm aw, de Jameldamm. An disse Wechgawel stünn por Johr lang een Glashütt (1705-1708)middenmang in’n Holtbestand. Hier arbeiteten ok Knecht ut de Ümgäbung.
As de Glashütt taumakt wür, wull sik een an den‘ lütten Barch een Hus bugen. Em geföl de Leiws mit dat väle Warer un Holt. Em fälte oewer dat Geld, dor buchte hei sik dat Hus ut Bahlen, dat Bahlenhus.
Ut dissen Namen wür denn in väle Johren de Urtsnam‘ Bahlenhüschen. Mit de Tiet sünn noch mier Hüser bucht worden.

Banzkow

De Ünnerirdischen

Vör lang‘ Tiet passierte folgendes:
Unvermaudens verschwünn een’s Abends een Fru ut Banzkow spurlos. Ehr Mann, de an dissen Dach in Grevesmühlen tau daun har, keem ierst abends vullkamen mäue na Hus, buten wier dat fast düster.
Hei hürt een helle Stimm singen un erkennte dei Stimm doch. Bi genauet Henkieken seech hei siene Fru up eenen Steen in hellen Mandschien sitten. Up ehren Schoot set een Kind von de `Ünnerirdischen`. Vörsichtig güng hei na ehr ran un frachte: „Murrer büst du dat?“ „Ja, Varrer.“
„Wo kümst du her?“ „Ik bün nu Kinnermäken bi de Mönken. Dei Ollen hebben mi halt.“ „Oh Murrer, kum wedder mit na Hus!“ „Lat mi man hier, ik bün dat Äten doch nich mier so wöhnt.“
Dat allens löt de Mann oewer nich gell’n. Hei nähm sei mit Kurasch na Hus. Na een por Dach wier de Fru dot.

Consrade

Frau Waur

Een Schneis treckte sik eenst von’n Baukholln bi Consrade oewer denn Barch bet rünner na denn Störkanal. Dat wier de Wech, denn Frau Waur mit ehr Gefolgschaft nähm. Tauierst keemen ümmer de grote Hunn‘ mit ehr deip un lut Gebell: „Hau wau, Hau wau.“ De lütten Fixköter, wie sei nennt würden, keemen gliek hinnerher. Se bellten oewer väl heller: „Jick, jack, jick, jack.“ Denn keem in’n will Galopp een ganz Haud Jäger. Ganz dicht an denn Kanal wier ein Schlagbom, dor hölten sei still an. „Upmakt orrer Upgemakt“ heit dat denn. Wiethen hürte man dorna nur dat Knarren von denn ollen Schlagbom, wenn hei sik taun Upmaken von de Dörchfohrt dreihte. Kum wär de Wech frie, güng dat oewer de Stör. Ok hüt is noch up de anner Siet een Damm. Dorrup trök de will Jagd mit Fru Waur wierer. Dat wür towt wat das Tüch höl, in dat Ünnerholt rin un nicks wie wech.

Dütschow

Düwel an denn Krüzwech

De Düwelswech, ok Steinbecker Wech nennt, de von Dütschow na Spornitz geiht, is een Krüzwech. Hier sall dat ümmer dull spökt hebben. De Brüch wär woll das Tauhus von de Düwels. Hier dreben sei mit Vörleiw ehr Unwesen und setten sick up den Rüch von Voroewergahenden, dormit sei em een Stück Wech drögen. Mit een por Lüd keem nachts een Buer von Brenz her. Genau an den Krüzwech sünd se in denn Düwelswech inbagen. Dor hockte sik de Düwel up den Buern un löt sik een Stück drägen. Denn Buer wür de Last mit de Tiet tau schworr un müßt sik an den Grabenrand hensetten un utrauhen. Dat geföl denn Düwel noch lang nich un hei steech nich von de Schullern. „Düwel, gah run, ik will mi ierst ‚n Piep Tabak ansticken!" meent de Buer tau denn Düwel. Hui wech is de Düwel. Kum brennte de Piep, dor wär de Düwel dor un wär werrer up den Rüch von denn Buern. Bet na de Brüch müßte de Buer em schlöpen, dunn sprüng de Düwel runner und wier verschwunn.

Friedrichsmoor

Namensgäbung

Väle Gründungen von Urten sünd mit een Sage belecht, de Namensgäbung männig Siedlung ok.
Dortau war' för Friedrichsmoor folgende Geschicht vertellt:
Herzoch Friedrich, een dulle Jäger, har bie siene Streiftöch dörch Holt und Flur erfohren, dat in den dichten Holl'n een Köller läwte un arbeitete. Hei begäw sik eenes Dachs bi sienen Utritt na de Stä un fünn ok denn Köller. Nur, dat hei dissen schlapend in een grot holl un woll ok urolle Eik fünd.De Herzoch Friedrich wär nich bang un hei wakte denn Köller ut den verdeinten Slap up. Up de Frach wie hei denn heit, antwurte de noch half mäu'e: Friedrich. Herzoch Friedrich lachte und meente tau denn Köller: „Wenn du wie ik ok Friedrich heist und hier n't Mur wahnst, so sall diss Stä von nun an Friedrichsmoor heiten." Secht

un dan - de Ünnertanen setten dat üm. Hier, mitten in de Leiws löt denn 1705 Herzoch Friedrich sien Jagdschlott bugen. In dat hütige Jagdschlott ist siet eenige Johren kostbore französische Stofftapeten ut 1805 tau seihn. Friedrichsmoor is noch ümmer de enzige Urt in de sihr schön' Kulturlandschaft Lewitz.

Garwitz

Gottesurteil

Dat is lang her, as een jung' Fru ut eenen von de ümliggenden Dörper des Mordes an ehr eegen Kind beschuldigt wür. Dat Gericht tachte, un ok wenn sei ümmer wedder ehr Unschuld beteuerte, wür sei wägen Kindesmordes tau'n Tode verurteilt. An denn Dach, as sei na de Richtstä führt wür un dei Henker sienes Amtes walten süll, wiern ehr letzten Wür: „So gewiss ik unschullig starben möt, so gewiss war an disse Stell een Rosenbusch wassen." De Henker erfüllte siene Pflicht.
Nur korte Tiet vergünn, dor stünn an de Stell von die Hinrichtung een Rosenstock in vull Bläu.

Goldenstädt

De ünnergahn Glocken

Dei Urt harr in' 30jöhrigen Kriech ünner Plünderungen von dei umhertreckende Suldaten mächtig tau lieden. Dat geef nu bald nicks Brukbores tau klauden. Nur dei beid Glocken hängten noch in't Gestäuhl. Dei Glocken wull'n sik de Goldenstädter nich ok noch klauden laten. Also beschluten sei, disse tau vergraben. Ierst lang na dat En' von denn Krieg erinnerte sik man an dei Glocken und wull sei wedder utgraben. Doch vergäbens, man fünd sei nich mier. Up denn Kösteracker hett man ok graft, oewer ok vergäbens, de Glocken bleben verschwunn. Man wüßte angäwlich ganz genau de Stä wo sei vergraben würden, oewer sei wiern versunken. 1681 bestellt man in Schwerin niege Glocken för de Kirch in Goldenstädt.

Göhren

De Draak ward gefangen

Ok in Göhren treckte de Draak. Hier besöchte hei oewer nich etwa Jeden. Ne, nur die kreegen von em Besäuk, de sik denn Düwel verschräben harren. Hei schmet ehr Gold dörch denn Schostein un mök sei dordörch riek. De datt Gold kreegen, geföl dat natürlich, de annern wedder nich. Knechte kömen deshalb up denn Infall, denn Draak un ok de rieken Buern een Afriebung tau verpassen. Bekannt wär, dat de Draak nich lang an eenen Urt blieben kön. Hei wür dorbi heit un hei brukte denn schnell den kollen Fohrtwind tau de Afkäulung för sien Liew. Eenes Dachs köm hei wedder un flöch in dat Hus von een rieken Buern. De Knechts dreihten ficks dat Speikenrad von een Fauerwark up denn Hof. Sei wüßten, steckte man dat Rad verkiehrt rüm up de Naw, wär de Draak in't Hus insparrt. Alleen keem hei nich wedder rut. Dörch de Hitt in sien Liew füng hei bald an tau dampen. Nu dreihten de Knecht dat Rad wedder richtig rüm. De Draak verschwünn un dormit ok dat Füer. Siet disse Begäwenheit hett sik de Draak in Göhren nich mier seihn laten.

Klinken

Kirchenbu tau Klinken

De olle Kirch wär schon dull bufällig. Nu süll een niege bucht warden. As Buplatz wär de Stell vorseihn, wo hüt de Schaul steiht. Dorhen bröchten die Buerslüd Bumaterial, vör allen Dingen schwor Balken. An'n nächsten Morgen wär dat Material wech, dat leech in de Wischen. An denn annern Morgen dat glieke Bild. Dat künn nur dat Wark von denn Düwel sin. Hei wull nicht, dat de niege Kirch mitten in't Dörp steiht.

De Klinkener buchten de niege Kirch dor, wohen de Düwel dat Holz bröcht harr. Dat wür een prächtige Kirch ut Stein un Holt, sei steiht hüt noch.

Matzlow

Wunsch von een Königsdochter

Een Garwitzer Fischer har denn jungen Mundt as een urt Schippjung mit up sienen Kahn nahmen. Hei wier flietig un hülp düchtig bi de Arbeit. Eenes Dachs läden sei an't Garwitzer Holln, dicht bi denn Heidbarch, an un verbröchten hier ok denn Abend.
Üm Middernacht keem een wittgekleete Fru up de Männer tau un dröch ehre Bitt vör. Hüt Nacht künn sei, de een verwünschte Königsdochter wier, von ehren Fluch erlöst warden. As Lohn kreegen sei wat sei sik wünschten. Ier Wunsch wier: Drägt mi bitte na denn Heidbarch. Schon von Wieten warden wie een Füer seihn un ok eenen groten Köter. De Köter is bös un bellt ganz gefiehrlich, wenn man dicht an em ran geiht. Wenn sei keen Angst harden, dünn de Hund ehr ok nicks.
De beid'n Männer würden sik eenig un wull'n ehr Bitt erfüllen.
Sei nähmen de Fru up ehr Schuller un drögen sei na denn Heidbarch hen. Von Wieten koenen sei den hellen Schien seihn.Ok de Hund wär bald sichtbor, lut bellend un gruselich antaukieken. De Kierls kreegen Angst un löten de Fru tau Borben fall'n. Die Hund sprüng up dei beiden tau, de Mannslüd löpen vör Angst dorvon.
Se dachten nich mier an denn gauden Lohn. De Fischer wär na dat Erläwnis dree Dach lang krank un tau keen Arbeit fähig.

Mirow

De witt Fru von Röpaulsbarch

Vör Johrteinten is in Mirow abends in de Timmern bi Kerzenschien orrer Holtfüer noch völ oewer Späukerie und Gespenster vertellt worden. De Olllen gäben ehr Weiten an de Jüngeren wierer un männigmal wullen sei disse ok nur verfiern. Am Röpaulsbarch, de an'n End von dat Dörp licht, will'n eenige Frugens een witt upgetakelte Fru a'n Spinnrad sitten seihn hebben. Sei har oewer väl Undoeg dräben. Wär de Spukstunn vörbi, wär ok die Fru mit dat Spinnrad wech. Um disse Tiet hett sick keen een friewillig in disse Gegend uphollen. Een jung'n Mann, die eenmal lat abends von siene Brut keem, har dat tämlich hilt.

He har woll die Tiet bi schöne Ding'n vergäten un wull mit sien Fohrrad vör de Middernachtsstunn an denn Röpaulsbarch vörbi sin. Hei keek nich na links un rechts, wull nur na Hus. An eenen Duurnbusch, de dicht bi denn Barch stünn, föl hei koppoewer von dat Fohrrad.
Na een Wiel, hei har sik von dat Stölken erhalt, hürte hei dat in dat Lof lies rascheln. Hei häwte vörsichtig denn Kopp un säh de witt Fru up den Wech rümdanzen. Un ganz halsoewerkopp wär sei wedder in den Duurnbusch verschwunn'. De Mann leech still und de kolle Angstschweit wär up sienen Rüch. Hei dachte nur eens – wech hier. „Dor führ ik nu nich mier an vörbie, wer weit, wat mi noch all passieren kann!"
In eenen wieten Bagen ümführt hei de gruselige Stell. Ruhig slapen koen'n hei disse Nacht nich mier. An nächsten Morgen güng em dat wedder berrer un hei wull de Stell noch eenmal ankieken. Tau Ünnerstützung un Hülp nähm hei sienen besten Fründ mit. An de gruselige Stä lech een dick Telgen up den Wech, dei wier von denn Bom braken. In denn Duurnbusch raschelte een grot Stück hell Papier in'n Wind. Dei Geschichte güng wie een Lopfüer dürch't Dörp un ok de ölleren Inwahner hebben nu inseihn, dat dat in Mirow keenen Späuk geef.

Neustadt Glewe

Dat ünnergahne Kloster

Grotmudder har ümmer ier Twiefel, wenn ik winderdachs mit de Schlittschauh rut up denn Niestädter See wull. Dat Ies wier nich oewerall gliek dick un brök licht. Fast jeden Winder ist een Minsch inbraken un tau Dode kamen.
Wenn Grotmudder nich wull dat ik Schlittschauh lopen güng, denn vertellte sei een Geschicht. Een güng so:
De See wier früher nich an de hütige Stä. Dor stünn dortomals een mächtig Kloster mit grote Muern, Dörn und hell klingende Glocken. Dat möt woll allen's schön west sien, bet de Lüd ier gesittetes Läben upgäben un sik nur noch wil' Fröh un Gelüst hengäben hebben. Dunn köm de Straf von Gott. Dat Kloster güng ünner un keen een Spur wier tau seihn. Hüt kann man nur ahnen, dat hier mal een Kloster stahn hett. An Johanni tau de Mäddachsstunn sall man mit denn Buk up de Ier lig-

gend Tön von de Glock ut de Ier hür'n können. In Vullmandnächten is eenen Wanderer ok männigmal een Klosterfru begegend. Sei wascht und dorbi sün Klagelieder tau hür'n.Wenn disse Fru seihn orrer hürt wür, wier meistens een Doder in denn See tau beklagen. Dit is ierst vör eenige Tiet passiert.
Een Buer wier mit sien Fauerwark ünnerwägens, an denn See wull hei sien Pier supen laten. Allens süll fix gahn, hei spannte nich ut un söchte sik ok keen flach Stell. Dat Äuwer wier hier steil. As de Pier anfüngen tau supen, schöw dat Fauerwark Pier un Kutscher in denn See.
Iel un Öwermaut wieren hier woll in'd Spill, oewer na de Sag sall de Klosterfru ier Opfer halt hebben.

Peckatel

De Ünnerirdischen

Üm Peckatel geef dat dree lütte Barch. In eenen Barch, hei wür Rummelsbarch nennt, söllen Ünnerirdische wahnt hebben.
Af un tau kömen sei tau gewiss Tieden an die Ierdoberfläch un drünken un spiesten an een steinerne Tafel. Denn Kettel un de Gerätschaften leihnten sei sik ümmer ut von de dicht dorbi liggenden Hüser. Dat Drinken dorbi sall in eenen kostburen Wagen üm denn Disch führt worden sin.
Een Jung ut dat Dörp seech eenmal de Tafel. Hei nähm dorvon eenfach een Metz orrer een Gawel – so wür vertellt – mit.
Das de Diepstahl markt wür, koen de Tafel nich mier in de Ierd versenkt warden. As de Vadder dissen Vörfall hürt hett, müßt dat Metz wedder na de Tafel. Kum läch dat Metz wedder up den Disch, güng de Tafel wedder in de Ierd.
1843 hebben sei bi Utgrabungen bi eenen von de dree Högel denn Peckateler Kultwagen fun'n.
Hei is in Museum för Ur- und Frühgeschicht tau seihn.
1845 hebben sei ok denn Rummelsbarch ünnersöcht un dat Staunen wier grot. Een Tafel, ut Feldstein upschicht, koem dau'n Vörschien.
Obsik hier een wohret Begäwnis oewer Johrhunderte as Sage erhollen hät?

Plate

Hund und Katt up den Burghügel

In Plate stünn eenst eene wendische Burg. De Standurt sall de Pastergorden sin, hier is ok een grot Hügel vörhand'n wäst. Rundüm sünd dörch Fachlüd ok noch Grabens und Sporen von de Burg fund'n worden.
Nachts sall ut disse Stell eene schneiwitte Katt krupen, genau fief vör twölf un se sitt denn bet Middernacht ganz still dor.
Genau ok tau disse Tiet krüppt een groter Köter ut de Stör, sticht an'd Land un geiht na de Katt. De löppt wech un de Hund hinnerhier. Denn is allens vörbi un de beid'n sünd verschwunn.
De Hund sall een Ritter sin, de eenst dat Burgfrölein, de Katt, leiwte. As de Dänen de Burg stürmten, wür dat Burgfrölein unner de Trümmer begraben. De Ritter sall vör ludder Gram in dat Warer von de Stör stölkt sin.

Raben-Steinfeld

De gollen Weich

Bi Raben-Steinfeld entsprüng ut denn Schweriner See de Stör. Allens wär noch Sump, Brüggen geef dat noch nich. Wer de Äuwer wesseln wull, söchte sik een flach Stell ut orrer führte mit de Fähr. Eenst geef dat in denn Urt eenen Krauch „Tau Fähre", dei erinnert doran.
Ünner eene olle knurrige Eik, dicht bi de Fährstell wahnten de Ünnerirdischen an een hoges Äuwer. Sei läwten gaut un harden väl Kinner. För de Kinner von denn König harden sei eegens een güldene Weich bucht. Wägen disse Weich un dat väle Gold würden de Ünnerirdischen von de Minschen söcht. Ehr wär dat oewer un se wanderten ut. De güldene Weich bleef ünner de Eik trüch, deip in de Ierd. Grawt wür öfter na ehr, oewer vergäbens. Nur Löcker sün tau seihn.

Raduhn

Verborgen bringt Sorgen

In Raduhn hett een Buer ut nawerschaftliche Gefälligkeit sienen Pierwagen samt Pier an de Nawersch utleihnt.Dat Gespann keem an denn nächsten Dach wollbehollen wedder trüch. Noch eenen Dach späder bleef sien best Pierd dot un noch een Dach later dat tweite. De Buer wür trurich un ok bös. Hei söchte in de Stadt denn Hexendokter up un halte sik Rat in. „Häst du wat utleihnt?“ wier de ierste Frach. „Ja, twei Pier mit Wagen.“ „Dat is Ursak för dat Unglück.“
De Buer führte na Hus, greep sik eenen gauden Knüppel un güng na de Nawersch. Hei drochte ehr dächte Schläch an. Doch sei hett allens wäre in Lot bröcht un keen anner bös Saken mit denn Buern makt.
In dat Dörp harden de Hexen ok ehr faste Stell, wo sei sik tau’n Danzen un Vertellen dröpen. De Inwahner nennen sei hüt noch Hexenplatz.

Rusch

Arger mit den’n Hexen

Een Hex kann schon Arger maken, oewer väl ierst recht. Up een Hoff in Rusch harden de Buerslüd dat gliek mit mier Hexen tau daun. Sei argerten un drangsalierten ehr un leeten ehr keen Rauh.
Dor nehm de Buer eenen Lerrerwagen un lad‘ de Hexen up. Hei brukte sogor twei Wagen, een riekte nich ut.
De Hexen führte hei in dat Klinker Holt, kippte sei af un führte na Hus. Hei verköfte sien Hoff un treckte mit sien Bagasch un sien Austwagen na Sukow. Oewer hier güng de Plach wierer. Een Hex hett up denn Wagentwäl sedden un wier nich runner follen. So wier sei mit na Sukow führt un argerte denn Buern wierer.

Settin

Hexenutdrieben

As de Grotvadder up Hoff Settin eene Bäunerie köfte, dankte de Nawer mit väl Fründlichkeet dorför. Dei Frugens, die de Bäunerie vörher gehürte, harden em un sien Veih keen Glück bröcht.
Wuurtlich sächte hei: „Endlich hett dat een End' mit dat Hexenpack."
Dat möt schlimm west sin, denn egalwech wier dat Veih von de Buern un Bäuners in Göhren un Settin krank. Schuld kreegen nur de Frugens up die Bäunerie in Settin.
In Stiernbarch wahnte dunnemals een Hexendokter. Dorhen führten de Lüd üm sik Rat un Hülp tau halen. Söben swatte Katten sall de Mann tau Hus hebben. Ahn Rat un Hülp güngen de Lüd nich von em wech. Fast ümmer klappte dat denn ok.
Bi een Buern in Göhren wullten de Käuh nich frätten un hier helpt hei ok. De Rat: Führ werrer na Hus un allens ward gaut. Ok een Gewitter kümmt noch up, oewer Angst brukst denn nich tau hebben.
De Buer führte nu los un dat Unwäder köm. Oewer hei köm wollbehollen tau Hus an, keek in denn Stall un de Käuh freeten werrer.

Spornitz

Söben Hirtenjungs würden Stein

Up een Wisch unwiet von Spornitz häuten söben Jungs ehr Veih. Sei wiern wild un towten utgelaten.
An dissen Namäddach wär ehr langwielich un se würden frech. Von den Rest Namäddachsbrot samt Borrer un Wust möken sei sik lütte Bälle. Dormit spälten sei Fautball orrer besmeeten sik.
Bi ehr Spill keem mit eenem Mal een grot Mann in een witt Gewand. Hei sprök sier iernst un indringlich mit ehr un meente, dat dat nich laflich is, so mit Gaben von Gott ümtaugahn. Se söllen dat sündige Spill furtens ünnerlaten un zeichte ehr ok mögelige Strafen för denn Frevel an. Nur een hürte up siene Wür. De annern spälten wierer mit de Bälle ut Brot, Borrer und Wust. De Oll köm noch mal wedder, oewer dittmal in swart. Tauierst güng hei na denn einzelnen Jung hen un sechte, dat

hei na Hus gahn sall, em passiert nicks. Oewer kiek di up den Nahuswech nich üm, süss geiht dat di ok slecht. De Jung mök sich up denn Wech.
De Oll in de swart Kleeder verwandelte de annern söss gottlosen Jung'n in grote Stein.
De een Jung wier niepern, oewer hei dürfte sik nich ümdreih'n. Dörch de Been kieken, dat güng jo woll. Kum keek hei trüch, wür hei ok een Stein.
Dat sall sik an de Stadtfeldgrenz „De Landwehr" taudragen hebben. Hier stünn de Stein in'n halfrund'n Kreis, nur een Stein lech afsiet.
Hier liggen de Stein in alle Rauh, denn de Spornitzer hebben denn Urt ümmer nich upsöcht.
Vertellt wür oewer ok, dat sik een Buer, de an disse Geschicht nich glöwen wull, bi hellen Sünnenschien eenen Stein halt hett un em in denn Borben von sien Schün inmuert hett. Oewer in eene Nacht hett hei dissen Stein wedder rutbraken un trüch up de olle Stell bröcht.
Keen Wuurt hett hei dortau secht. Man vermaut, dat de Buer keen Rauh fund'n hett, denn ut denn Stein wär Blaut rutdrüppt. Wie dat ok wier, de Stein is nu wedder an sin olle Stä.

Sukow

Räuberische Kräugerslüd

In olle Tieden stünn bi Sukow een Krauch. Hüt is hier een Buernhoff.
De Fuhrlüd, dei up de Frachtstrat von Banzkow na Crivitz ünnerwegens sünd, kiehrten hier giern un häufig in. Dei Kräugerslüd wiern oewer nich ümmer rechtschaffen. Manch een Fuhrmann verschwünn sporlos. De Kräugerslüd wiern achter dat Geld un de Wertsaken her. Na väle Johr'n fün'n Bulüd up de Hufe13 eenen Schatz. Dor wär de Stä, wo früher dei Krauch stahn hett.
De Schatz von 745 Münzen wier beträchtlich. Ut dat Prägedatum 1489 un 1550 kön man sluten, wann de Münzen versteckt würden. Väl Nutzen hebben de Wirtslüd von ehr Beut nich hatt. Wenn sei dat Geld utgäben harden, wier man ehr up de Schlich kamen.

Tramm

Fast bannt

Tau'n Markt na Crivitz wull eenst een Buer ut Tramm führen. An Krüzwech höl hei an um eenen mittaunähmen, de ok na Crivitz wull. Dat duerte gor nich lang un disse geef vör denn Buern tau'n Besten, wat hei allens so drupp har un geef sik mit siene Taten an. Buern sünd meest gelaten un ok disse nähm de Räden von den Angäber eenfach hen. De Frem vertellte: „Wenn hei dat woll, so bann ik dien Pier fast." „Denn will man", wär de Antwurt. Secht un dan, dat geef een Ruck un de Pier stünn. De Buer wär oewerrascht und geef siene Pier gauden Tauspruch, oewer de Wagen stünn fast. De Buer steech af un bekeek sik sien Fauerwark von alle Sieden, oewer seihn kön hei nicks. Nur de Mitfohrer grinste frech von denn Wagen raf. Listig sechte de Buer tau dissen Kierl, geef mi doch mine Jack. Nicks ahnend geef dei denn Buern siene Jack. Nu nehm de Buer eenen Knüppel un lechte los. Hei schlöch wie wild up de Jack in un de Kierl up denn Wagen bölkte vör Weidach. Denn all Schläch dröpen em. Bald föl hei dot von denn Wagen. De Buer löt den Kierl liggen, steech wedder up den Wagen un keem unbehelligt un Crivitz an.

Dank

Wir möchten uns bei allen bedanken, die in vielfältiger Form dabei halfen, dass diese Neuauflage erscheinen konnte.

Besonders bedanken wir uns bei Lisa und Werner Mißfeldt, Plate; Dieter Conell, Raben Steinfeld; Siegfried Rätsch, Steinbeck; Revierförster Alexander Lahl, Spornitz; Alfred Lobbe, Spornitz; Erich Schmidt, Klinken; Maria Griebentrog, Blievenstorf und Forstdirektor Christian Lange, Friedrichsmoor.

Dem Verlag Harald Rockstuhl, Bad Langensalza, gilt ein herzliches DANKESCHÖN für die kompetente Beratung und Unterstützung bei der Herausgabe dieser zweiten deutlich erweiterten Auflage.

Göhren im Herbst 2019 *Evemarie und Dr. Frank Löser*

Foto: Annekathrin Rockstuhl zur Leipziger Buchmesse

Evemarie Löser

1949 in Ulrichshalben, unweit von Weimar geboren. Nach Schulzeit und Berufsausbildung, Meister für Lederverarbeitung. 1973 Umzug nach Schwerin/Meckl.
Von 1980 bis zum Ruhestand 2012 im Sozialwesen tätig. Neben Familie (zwei erwachsene Kinder) und Beruf immer Freude am Umgang mit Menschen. Liebt die Kommunikation in Wort und Schrift und kreatives Gestalten.

Dr. Frank Löser

1944 in Lößnitz bei Freiberg/Sa. geboren. Nach Schulbesuch Ausbildung zum Gärtner und Besuch der Fachschule für Pflanzenschutz in Halle/Saale 1963–1966. Viele Jahre Mitarbeiter im Pflanzenschutzamt Karl-Marx-Stadt. 1969–1974 Fernstudium zum Dipl.-Agr.-Ing.; anschließend außerplanmäßige Dissertation. Der Autor lebt seit 1984 in Schwerin/Meckl. und hat zwei erwachsene Kinder. An 1990 bis zum Ruhestand selbständig in Bereich Werbeakquise tätig. Seit seiner Jugend interessiert er sich leidenschaftlich für die Natur, Heimatkunde und die Sagenwelt.

Löser – Sagen und Geschichten im Verlag Rockstuhl

Freiberger Sagenbuch – Mit Sagen des Freiberger Landes
Taschenbuch, 90 Seiten, 41 Abbildungen
ISBN 978-3-95966-384-7

Sagenbuch der Augustusburg
Taschenbuch, 48 Seiten, 31 Abbildungen
ISBN 978-3-86777-041-5

Sagenbuch – Heilige Elisabeth von Thüringen 1207–1231
Taschenbuch, 50 Seiten, 40 Abbildungen
ISBN 978-3-938997-76-5

Sagenbuch des Silbernen Erzgebirges
Rund um die Bergstadt Sayda und die Silbermannstadt Frauenstein
Taschenbuch, 86 Seiten, 63 Abbildungen
ISBN 978-3-86777-025-5

Sagen und Geschichten aus dem oberen Flöhatal im Erzgebirge
Pfaffroda – Neuhausen – Olbernhau – Seiffen
Taschenbuch, 58 Seiten, 52 Abbildungen
ISBN 978-3-86777-162-7

Sagen und Geschichten der Kulturlandschaft Lewitz
Taschenbuch, 88 Seiten, 90 Abbildungen
ISBN 978-3-86777-101-6

Sagen und Geschichten Hansestadt Rostock
Taschenbuch, 86 Seiten, 44 Abbildungen
ISBN 978-3-95966-044-0

Sagen und Geschichten Ludwigslust Griese Gegend
Taschenbuch, 206 Seiten, 67 Abbildungen
ISBN 978-3-95966-160-7

Sagen und Geschichten Hansestadt Wismar
Taschenbuch, 48 Seiten, 26 Abbildungen
ISBN 978-3-95966-286-4